LE POULPE

LES SEPT POULES DE CHRISTELLE

ISBN : 2-84219-407-1

ISSN : 1265-986X

LE POULPE

Noël Simsolo

LES SEPT POULES DE CHRISTELLE

LE POULPE

ÉDITIONS BALEINE

Du même auteur :

Essais

Le Monde de Jerry Lewis, Éditions du Cerf

Entretiens avec Samuel Fuller (co-J Narboni), Éditions Étoile Cahiers du cinéma

Conversations avec Sergio Leone, Éditions Étoile Cahiers du cinéma

Sacha Guitry, Éditions Étoile Cahiers du cinéma

Clint Eastwood, Éditions Étoile Cahiers du cinéma

Les Sorties du Dimanche (avec Willy Ronis), Nathan Éditeur

À propos de Pierre Molinier (avec Pierre Bourgeade et Jean-Pierre Bouxyou), Éditions Variable à l'Enseigne des Oudin

Romans

Ciel Noir, Série noire, Gallimard

Mort Blanche, Fleuve Noir (sous le pseudonyme de Canino)

La Vénus de Peep show, Fleuve Noir (sous le pseudonyme de Canino)

Couleur Sang, Éditions Baleine

Un Travelo nommé Désir, Le Poulpe, Éditions Baleine

Apocalypse Nord, Éditions Baleine

Les Enfants de l'enfer, Éditions Baleine

Tête-à-queue (co Didier Daeninckx), Éditions Baleine

Retour d'amour à Lille, Éditions Baleine

Les Derniers Mystères de Paris, Éditions Baleine

Images de Chair, Éditions Baleine

Prédateurs, Éditions Baleine

Exterminateurs, Éditions Baleine

La Chair des femmes, Hors Commerce

À l'ami Jean Echenoz

« L'univers n'a de présence réelle que pour
qui s'en fait humblement l'écho ».
Louis-René Des Forêts

« Tu me mènes droit vers la fin
L'agonie a commencé
Je n'ai plus rien à te dire
Je parle de chez les morts
Et les morts sont muets. »
Georges Bataille

« – C'est vrai ?
– Oui… et non. »
Aimé de Vosgelard

1

Une Jaguar blanche roulait lentement dans Neuilly-sur-Seine. Il faisait nuit. L'horloge de la mairie marquait une heure trente-sept du matin.

La lueur des lampadaires se reflétait en halos jaunes sur l'épaisse couche de neige verglacée qui recouvrait le trottoir des rues vides. Aucune lumière ne trouait la façade des immeubles endormis. Le calme et la paix semblaient régner sur la petite ville balayée par un vent glacial soufflant du nord

La luxueuse voiture longea au ralenti le lycée Pasteur, tourna à droite de l'église anglicane et s'arrêta.

Sa conductrice était une femme noire aux cheveux prolongés de longues tresses blondes.

Elle coupa le contact et se tourna vers son passager.

– Nous y sommes.

De gros flocons recommençaient à tomber d'un ciel d'encre violette.

Walerian Krissawiecz détacha sa ceinture de sécurité.

– Va falloir faire gaffe à ne pas glisser sur les pavés gelés, dit-il en ouvrant la portière.

– On se dépêche quand même, lui répondit Carole.

Ils descendirent du véhicule, avancèrent avec précaution jusqu'à la grille d'un jardin entourant une maison de deux étages, constatèrent avec étonnement qu'elle n'était pas fermée, continuèrent néanmoins leur marche prudente et parvinrent en bas du perron.

La porte de la demeure béait sur un corridor obscur.

Le reporter fronça les sourcils, gravit les marches, puis fit signe à sa compagne de le rejoindre et lui montra la serrure fracturée.

– Je n'aime pas ça, murmura l'Africaine.

Krissawiecz regretta de n'avoir pas emporté son Beretta.

Il avança en s'éclairant à la flamme de son briquet. Plusieurs traces de pas humides souillaient le carrelage du couloir. Des bruits provenaient du premier étage.

Ils levèrent la tête.

Une pâle lueur rouge filtrait en haut de l'escalier.

– Ça vient de sa chambre, chuchota Carole. On lui dit qu'on est là ?

Il répondit dans un murmure.

– Non. Quelque chose ne va pas. Grimpons.

Le bois craqua sous leurs pieds et le bruit du dessus cessa.

D'un geste ferme, Kriss obligea sa compagne à ne plus bouger. Hors le souffle du vent, le silence était redevenu total.

Ils hésitèrent un peu avant de reprendre leur ascension, puis accédèrent quand même au palier.

Carole passa la tête par l'entrebâillement de la porte et vit un corps de femme étendu sur le tapis à côté d'une lampe renversée.

– Christelle ! cria-t-elle.

Walerian l'empêcha d'avancer.

Il alla s'accroupir à côté du cadavre criblé de balles et soupira.

– Morte. Elle est encore chaude. Je me demande...

Son regard scruta la pénombre et s'arrêta sur un paravent chinois disposé devant le lit. Les panneaux du meuble oriental tombèrent au même moment. Le reporter jeta aussitôt Carole sur le sol. Une forme humaine tira trois fois sur lui avec une arme munie d'un silencieux.

La Noire roula jusqu'à la salle de bains, s'y enferma, puis entendit les pas du tueur qui s'enfuyait et revint dans la chambre où Walerian baignait dans son sang.

Elle composa un numéro sur son téléphone portable.

Quinze minutes plus tard, une ambulance arriva sans faire retentir sa sirène. Quatre infirmiers en descendirent avec un brancard. Ils investirent la maison, chargèrent Krissawiecz et l'emportèrent sans s'occuper de la morte.

Une fois restée seule, Carole s'empara du sac à main de la victime, fouilla la pièce, débrancha l'ordinateur, le mit dans une valise avec les disquettes, essuya tous les endroits où les ambulanciers, Walerian et elle avaient laissé des empreintes, puis ramassa les douilles des balles qui avaient touché son ami, mais abandonna sur le tapis celles qui traînaient autour du cadavre et se posta derrière le rideau de la fenêtre en prenant garde à ne pas être vue de l'extérieur.

Une voiture stoppa bientôt devant la porte du jardin. Elle reconnut la Mercedes de Paul Persan, jeta un dernier regard sur le corps de la femme, effaça toutes les traces de ses pas sur les marches de l'escalier, ainsi que dans le hall, et quitta la maison en emportant la valise.

– Une vraie chance que la neige tombe si fort, lui dit le directeur du journal *Paris-Monde*. Grâce à ce temps de merde, la trace des pneus de nos bagnoles va disparaître.

– Foutons le camp d'ici, répondit la Noire.

– Garde les yeux sur mes feux arrières, prévint l'homme.

Elle monta dans sa Jaguar, attendit que la Mercedes démarre et se laissa guider dans la banlieue déserte et de plus en plus blanche.

Paul prit la direction de Puteaux. Il conduisait lentement et se mordait les lèvres. Une grosse migraine l'abrutissait.

Carole s'appliquait pour ne pas le perdre de vue.

Elle contrôlait au mieux sa nervosité, s'efforçant à respirer profondément pour ne pas se mettre à pleurer, mais l'image de Walerian tombant sous les balles la rendait fébrile.

Et ses yeux s'embuèrent de larmes.

Persan lui fit un appel de phares et engagea son véhicule dans un parc. La Noire l'imita. Les arbres étaient dénudés par l'hiver.

Une clinique privée se trouvait au bout de la route.

Ils se garèrent près des ambulances.

Le directeur de *Paris-Monde* prit Carole par le bras et la guida dans le labyrinthe des couloirs de l'établissement.

– Biette est un vieux copain du temps de la lutte armée révolutionnaire, lui dit-il. Comme moi, il connaît Kriss depuis cette époque et nous pouvons entièrement compter sur lui. Dès la réception de ton coup de fil, je l'ai averti afin qu'il envoie du secours. Pendant que je roulais vers Neuilly, il m'a rappelé pour me dire que Walerian était déjà sur le billard. L'ambulance a fait vite malgré le verglas. Maintenant je peux savoir ce que tout cela veut dire ?

– Non, rétorqua l'Africaine.

Son interlocuteur passa la main dans ses cheveux blancs et crispa les mâchoires.

– Merci pour la confiance.

Il alluma une cigarette.

– On ne fume pas ici, l'avertit une infirmière qui les croisait.

– Je suis Paul Persan.

La jeune fille se radoucit.

– Le professeur m'a mise au courant. Vous devez l'attendre dans son bureau. C'est par là.

Carole retenait à nouveau ses larmes tandis qu'on les conduisait à un autre étage.

Son compagnon évitait de lui poser d'autres questions.

Il savait tout de l'étrange amour qui unissait la femme noire à son ami Krissawiecz.

Cela durait depuis très longtemps.

Elle avait même failli mourir plusieurs fois en lui venant en aide dans des histoires pleines de bruits et de fureur.

Vers quatre heures du matin, Biette vint les rassurer.

– L'opération s'est bien déroulée. Une chance qu'aucun organe vital n'ait été atteint. Walerian va s'en tirer. Cependant, je dois le garder à la clinique pendant un moment. Une balle lui a éclaté le genou droit. Une autre a fracassé sa clavicule gauche. La dernière est passée juste à trois centimètres du cœur.

– Merci, Claude, répondit Paul. On peut le voir ?

– Oui, mais il est toujours dans les vapes.

Ils le suivirent jusqu'à une chambre isolée au dernier étage.

Kriss était couché sur un lit.

De nombreux fils le reliaient à des machines.

– Je peux rester avec lui ? demanda Carole.

Le chirurgien afficha une moue dubitative.

– L'anesthésie ne cessera pas son effet avant des heures.

– Laissez-moi rester ici, insista la Noire.

Il consulta Paul du regard.

– Fais ce qu'elle te demande, dit Persan.

– D'accord. Je fais amener un lit.

– Pas la peine, toubib. Le fauteuil me suffira.

Elle s'écroula sur le siège en moleskine, prit une cigarette et la mit entre ses lèvres.

Biette ouvrit la bouche pour l'empêcher de l'allumer.

Carole ne lui en laissa pas le temps.

– Je ne vais pas fumer. Ne vous inquiétez pas.

– S'il s'agite, appuyez sur ce bouton. L'infirmière viendra.

– Encore besoin de moi ? demanda Persan.

Elle lui fit signe que non.

Les deux hommes sortirent de la chambre.

– Qui est cette belle créature ? s'enquit le docteur auprès de son ami.

– Une prostituée de luxe. Sacrée bonne femme ! La seule personne en qui Walerian ait une entière confiance. Je l'admire beaucoup.

– Pourquoi on lui a tiré dessus à Kriss ?

– Je n'en sais pas plus que toi.

Vingt-quatre heures après son opération, Krissawiecz ouvrit les yeux, gémit doucement et reconnut Carole.

Elle se pencha sur lui.

– Tu m'as fait peur.

Il murmura quelques mots.

L'Africaine l'écouta, puis baisa ses lèvres sèches.

Et Walerian s'endormit paisiblement.

2

Emmitouflé comme pour une expédition polaire, Gérard pelletait la neige entassée devant l'entrée du *Pied de Porc à la Sainte-Scolasse*. Le jour n'était pas encore levé. Les Parisiens s'en allaient travailler en râlant. La pure beauté des étendues blanches recouvrant les trottoirs et les toits de la cité ne les consolait pas de la médiocrité de leur sort et ils engueulaient les écoliers qui leur lançaient des boules de poudreuse en riant.

Toutes les voitures avançaient au ralenti sur la gadoue grise qui souillait la route.

Un type aux longs bras la traversa en traînant les pieds et entra dans le troquet de Gérard.

Maria lui tendit une tasse de café chaud.

– Donne-moi plutôt un blanc sec, lui dit l'homme d'une voix pâteuse. Non. Un scotch. Double. Sans eau et sans glace.

Elle leva les yeux au ciel.

– Tu ne trouves pas qu'il est un peu tôt pour commencer ?

– Je ne commence pas. Je continue.

Il vida son verre et en exigea aussitôt un autre. Les habitués ne s'étonnèrent pas de sa demande.

Depuis quelque temps, le Poulpe ne dessaoulait plus et personne n'osait lui en demander la raison.

Le Parisien était sur le comptoir.

Lecouvreur ne l'ouvrit pas.

Il alluma sa Gitane d'une main tremblante.

Ce n'est qu'au troisième scotch qu'elle cessa de s'agiter.

Gérard rentra dans le bar et ricana en regardant son ami.

– Une pute en appartement a été trucidée l'autre nuit à Neuilly-sur-Seine, dit-il en désignant le journal. Paraît que cette jolie banlieue regorge de nénettes qui racolent sur l'Internet. On peut se demander si le maire du coin n'est pas un peu au courant. En tant que ministre de l'Intérieur, il devrait l'être. Tu crois pas ?

Le Poulpe commanda un quatrième whisky sans daigner entamer la conversation.

Maria le servit avec une moue désolée.

Il sirota l'alcool en regardant ses chaussures trempées.

Son sourire était amer. Un dégoût de tout et de tous l'habitait.

Les habits froissés, le visage pas rasé, les ongles noirs et le regard hagard témoignaient de son mal de vivre.

Il était sale comme un pou sur la chevelure d'un charbonnier allergique au shampoing.

La Jaguar de Carole vint alors se garer devant le *Pied de Porc à la Sainte-Scolasse*. Elle en descendit, releva le col de son manteau de fourrure, poussa la porte et entra sous les regards concupiscents de la clientèle. Sa silhouette aurait réveillé la libido d'un centenaire.

– Gabriel Lecouvreur est là ? demanda-t-elle à Gérard.

– C'est moi, grommela l'ivrogne en posant son verre vide.

Elle se rendit compte de son état et se tourna vers Maria.

– Donnez-lui un triple express bien serré.

– Je t'emmerde, répondit le Poulpe.

L'Africaine lui flanqua une gifle si forte qu'il tituba sous le choc et tomba sur les fesses.

– Moi aussi, dit-elle. Je t'emmerde, espèce de connard ! Tu vas prendre une dose de caféine et me suivre tout de suite. Walerian a besoin de toi.

Lecouvreur se releva péniblement, reprit ses esprit, avala le café brûlant, fila le vomir aux toilettes, puis s'aspergea le visage d'eau froide et revint dans la salle en s'essuyant la peau avec son écharpe fripée.

– On y va, dit-il. Je ne peux rien refuser à Kriss.

Ils sortirent du rade et grimpèrent dans la Jaguar.

Gérard se pencha à l'oreille de sa femme.

– Cette Black, elle sait drôlement y faire ! Quelle autorité ! Quel tempérament ! Quelle énergie ! Et quel châssis de rêve ! Les deux sœurs

Williams à elle toute seule. Je suis maintenant certain que notre race blanche est foutue. L'Afrique va bientôt tous nous mener à la baguette. Remarque, c'est peut-être un légitime retour des choses. Le sens de l'Histoire !

Il se confectionna un grog, le laissa refroidir et se perdit dans ses pensées sur l'avenir du tiers-monde.

La femme noire alluma une cigarette et appuya sur le bouton qui commandait la descente de la vitre du côté de son passager.

– Si tu dois gerber, penche-toi dehors.

– Non, ça ira. T'es qui ?

– Carole.

Lecouvreur comprit mieux la situation, car Kriss lui avait parlé de cette call-girl qui le secondait souvent dans ses enquêtes. Walerian… Cela faisait pas mal de temps qu'il était sans nouvelles de lui. Mais ça ne changeait rien. Leur amitié n'avait jamais été prise en défaut. En cas de besoin, ils faisaient appel l'un à l'autre afin de s'échanger des informations ou s'apporter une aide ponctuelle. La fibre trotskiste du reporter de *Paris-Monde* agaçait quelquefois l'anarchisme du Poulpe, mais tous deux éprouvaient la même haine envers l'ordre établi et visaient exactement les mêmes cibles… Ou presque… Parce que lui, Gabriel, il s'était bien planté dans sa dernière affaire…

Son besoin d'alcool revint en force.

Comme la voiture s'arrêtait à un feu rouge, il en jaillit pour foncer dans un café-tabac et bouscula un colosse qui en sortait.

– Où tu vas comme ça ? l'interpella la montagne de muscles.

– Pisser, dit Gabriel. Si t'as les mains propres, viens donc me la tenir.

Le type devint cramoisi.

– Tu veux mourir ?

L'Africaine bondit de son véhicule et s'interposa entre eux.

– C'est mon ami, dit-elle. Il a bu. Je l'emmenais se coucher.

Excité, Lecouvreur balança un direct dans l'estomac du géant, puis le cogna à la tempe sans pourtant le faire vaciller. Mécontent de ce traitement, la brute le souleva, le jeta sur le pavé et s'apprêta à le frapper de sa semelle. Avant que son pied se détende, Carole l'assomma d'un coup de tête, releva Gabriel, le poussa dans la Jaguar et grimpa au volant.

Le Poulpe hurla de joie.

– Avec toi, on rigole !

Elle le fit taire d'un uppercut au menton.

– T'arrête tes conneries.

Pour toute réponse, Gabriel vomit sur le tableau de bord.

La Noire lui tendit une pochette de Kleenex.

– Nettoie-moi ça.

Il obéit, tandis que le luxueux véhicule roulait vers Puteaux.

Des blocs de glace dérivaient sur la Seine.

Le professeur Claude Biette contempla Gabriel Lecouvreur et s'étonna de son identité.

– C'est lui, le célèbre Poulpe ? Je pensais qu'il ne buvait que de la bière. Vous foutez quoi avec cette loque ?

– Kriss veut lui parler.

Le chirurgien leva les bras au ciel.

– Rarement vu un mec aussi bourré !

– J'ai soif, gueula Gabriel.

Carole lui tapa sur le crâne.

– Toi, tu la boucles.

– On va le dessaouler, dit le médecin.

Il appela un de ses assistants et lui confia Lecouvreur.

– Remettez-moi ce zozo en état.

L'interne empoigna le Poulpe et l'emmena avec lui.

L'Africaine soupira, colla son front contre la haute vitre de la fenêtre du bureau et contempla le ciel gris de neige.

Un oiseau perdu le traversa.

La Noire se raidit

– Kriss restera handicapé ?

– Non, la rassura Biette. Après une rééducation, il pourra continuer ses reportages. Et le reste. Comme avant...

L'information détendit un peu la jeune femme.

– Je peux savoir de quoi il retourne ? demanda Claude.

– Pardon ? demanda-t-elle.

– Trois balles dans la peau, ça n'arrive pas en allant aux fraises. Et il y avait un cadavre sur le tapis. Est-ce que vous avez lu les journaux ? On y parle de cette femme morte chez qui mes ambulanciers ont ramassé l'ami Krissawiecz. Une nommée Christelle Vink. Putain de luxe. Ne vous vexez pas, mais comme vous faites le même boulot qu'elle, si j'en crois Persan...

Elle l'interrompit.

– C'était une copine. On était allés la voir parce qu'elle avait du vague à l'âme.

Le chirurgien n'en crut pas un mot.

– Les poulets peuvent remonter jusqu'à vous ?

Elle ne lui répondit pas.

Il insista pour en savoir davantage.

– Selon les journalistes, les flics retiennent l'hypothèse du crime crapuleux. Le vol... Cependant, un cambrioleur ne truffe pas de plomb ses victimes pour leur piquer un sac à main et un ordinateur. Surtout sans toucher à l'argent et aux bijoux. Quant au meurtre sexuel... Selon le rapport du médecin légiste, cette femme n'a été ni violée ni molestée.

Carole lui posa deux doigts sur la bouche.

– Ne jouez pas au détective, toubib. Moins vous en saurez sur cette salade, mieux ça vaudra. D'accord ?

Il cessa son interrogatoire, ouvrit un dossier médical qui était sur sa table et s'y plongea.

L'Africaine demeura immobile, se souvenant du coup de fil affolé de Christelle et de tout ce qu'elle lui avait appris avant de la supplier de venir avec Kriss.

Une belle merde qui sentait le jeu de massacre !

Lecouvreur émergea du brouillard et se frotta la nuque. Son ventre et sa tête lui faisaient atrocement mal. Un homme en blouse blanche le regardait avec lassitude et lui tendait deux comprimés.

– Avalez ça. Vous irez mieux.

Le Poulpe ingurgita la médecine, se leva de la chaise et vacilla.

– Allez-y tout doucement, lui dit l'infirmier. Votre état n'est pas brillant. Si vous continuez à vous cuiter comme ça, ce sera bientôt la crise de *delirium tremens* avec les rongeurs et les araignées qui vous gratteront partout. Ou bien, votre foie qui éclate. Il existe des manières un peu moins douloureuses et plus rapides pour se suicider. Vous avez quel âge ?

– Quarante-trois balais.

– C'est déjà dix de plus que le Christ.

Gabriel n'était pas d'humeur à apprécier l'humour vaseux du bonhomme. Il alluma une Gitane et lui trouva mauvais goût. Un vertige lui fit perdre l'équilibre.

Son ange gardien le soutint jusqu'au couloir.

– Je vous conduis chez le professeur.

Ils avancèrent lentement jusqu'au bureau du chirurgien.

Carole y accueillit le Poulpe avec ironie.

– Tu as récupéré, l'octopode éthylique ?

Il grimaça et répondit d'une voix cassée :

– J'en sais rien. Qu'est-ce que je fous dans cette clinique ?

– Kriss a besoin de toi, lui rappela l'Africaine.

Les choses lui revinrent confusément.

– Il va bien ?

– Tu vas t'en rendre compte tout de suite.

Elle le traîna jusqu'à la chambre où Walerian était soigné.

– Putain de Dieu ! soupira Gabriel en regardant son ami couvert de pansements. Dans quel état tu es ! Une vraie momie !

Le blessé réussit à sourire.

– Va plus près de lui, dit la Noire. Il est trop épuisé pour parler fort.

Lecouvreur se pencha sur Krissawiecz et tendit l'oreille.

– Faut absolument que tu aides Carole, déclara le reporter dans un souffle. Fais ça pour moi. Elle t'expliquera tout. Tu me promets ?

– Juré, bredouilla son ami en se mordant les lèvres.

Il se sentait honteux, mais avait aussi envie de boire un scotch et tout le reste lui sembla secondaire.

3

L'éclairage au néon diffusait une lumière blafarde dans le bureau du commissaire Frédéric Dupart. La pièce était mal chauffée. De la buée sortait de la bouche du policier tandis qu'il parlait au téléphone.

– Vous préviendrez le patron, Morovanes. Moi, je passerai voir sa femme et ses gosses. C'est désolant, je suis d'accord avec vous. Robert était déprimé, mais on ne pouvait pas imaginer qu'il mettrait fin à ses jours en se tirant une balle dans le cœur. Salut, mon vieux.

Il raccrocha et se mordit les lèvres.

Ce n'était pas la première fois qu'un serviteur de la loi se suicidait dans son service. Depuis vingt-cinq ans que Fred était à la Brigade criminelle, une douzaine de ses collègues avait choisi cette façon de disparaître. Certains parce qu'ils ne supportaient plus de remuer tant de boue. D'autres parce qu'ils pataugeaient dans des problèmes plus personnels et choisissaient cette issue. Comme Cadin, avec lequel il avait travaillé à Hazebrouck. Les récentes mesures prises par le gouvernement n'y changeraient absolument rien

L'augmentation des effectifs et de nouveaux moyens n'étaient pas le remède miracle. Le progrès technique, ça peut consoler l'humain, mais pas le guérir. Lui-même avait d'ailleurs parfois été tenté par cet acte désespéré. Pan pan dans la tête ou dans la bouche, et fini les états d'âme ! Les compromis dégueulasses ! Les bavures foireuses !

Pourtant, Dupart avait intégré la police avec enthousiasme. Son idéalisme motivait sa vocation. Combattre le mal lui semblait la plus noble des missions.

À présent, il avait perdu ses illusions et attendait la retraite comme une délivrance ou un autre enfer.

Il alluma une Gauloise et relut ses notes :

Vink Christiane, dite Christelle.

Née le 11 février 1963 à Colmar.

Fille unique d'un couple d'enseignants.

Études de droit à Strasbourg interrompues en 1982.

Prostitution à Mayence, puis Munich, Lyon et Paris.

En 1990, s'installe à Berlin où elle dirige un réseau de call-girls.

Retour en France en mars 2001.

Réside alors à Neuilly-sur-Seine et racole sur l'Internet.

Aucune condamnation.

Un rapport confidentiel y était joint, indiquant le nom et l'activité de certains gros clients de la prostituée : comédien, ministre, P-DG, député, sénateur, juge…

Ces informations ne devaient pas parvenir à la presse.

Les ordres de sa hiérarchie étaient formels sur ce point.

Il reprit tout ce qui concernait la découverte du corps.

Inès Garcia, la femme de ménage, avait trouvé le cadavre en arrivant sur les lieux à dix heures du matin. Elle avait aussitôt averti la police. Dépêchés sur place, les gars de la Criminelle y constatèrent l'absence d'empreintes digitales et la disparition du sac à main de la victime, ainsi que de son ordinateur et d'une valise, mais personne n'avait pris l'argent et les bijoux. Il semblait assez peu probable que la femme se soit faite zigouiller par un de ses clients. D'ordinaire, les meurtres de filles vénales s'accompagnent de sévices sexuels. Ici, rien de la sorte. Quant aux douilles de l'arme du crime, elles indiquaient que le tueur avait utilisé un Walther P5, sans doute muni d'un silencieux car les voisins n'avaient entendu aucune détonation.

La neige ayant tombée toute la nuit, les traces de pneus et de pas avaient disparues des alentours de la maison.

Un homme entra dans son bureau et en referma la porte tout doucement.

– Bonjour, Dupart. Je suis Lomer, des services spéciaux.

Fred examina l'individu. Grand, chauve avec une moustache, des yeux noirs et perçants. Cinquante ans environ.

Il le trouva tout se suite antipathique.

– On va bosser ensemble, lui dit l'intrus en s'emparant du dossier de Christelle Vink. Cela ne doit pas vous surprendre... Vous avez assez d'heures de vol pour comprendre la situation. Cette fille connaissait trop de gens intouchables. Pas question de déclencher un scandale en ce moment. Alors, je suis là pour empêcher un abus de zèle nuisible et vous couvrir en cas de bavure plus ou moins utile à la République.

Au cours de sa longue carrière, Frédéric s'était déjà trouvé dans des situations de ce genre.

La dernière fois, le secrétaire d'un ministre devait être protégé pour une histoire d'overdose et de trafic de stupéfiants.

– Je pense que votre aide doit rester officieuse, dit-il en se levant de sa chaise. Alors indiquez-moi tout de suite quelle sera ma marge de manœuvre ?

– Suffisante, marmonna son interlocuteur. Allons déjeuner. Nous discuterons de tout ça devant une choucroute et de la bière allemande.

Dupart ne put pas refuser la proposition.

À moins de donner sa démission.

4

Carole posa le cassoulet à l'oie sur la table de la cuisine et versa de l'eau minérale dans le verre de Lecouvreur.

– Force-toi à manger. Je t'expliquerai ensuite.

Le Poulpe releva les manches de son peignoir de bain et grimaça en s'envoyant une gorgée de Perrier.

Quand ils étaient arrivés dans le duplex de Krissawiecz, avenue du Maine, l'Africaine l'avait obligé se laver.

– Tu pues comme un bouc, lui avait-elle déclaré.

Ne lui donnant pas tort, il se déshabilla, plongea son corps crasseux dans l'eau moussante et s'assoupit.

À son réveil, ses vêtements n'étaient plus sur le tabouret.

Debout dans l'encadrement de la porte, Carole le regardait.

– Quand tu seras prêt, viens déjeuner.

– Et mes fringues ?

– Tu mettras ceux de Kriss.

Elle quitta la pièce.

Gabriel sortit de la baignoire, se sécha, enduisit ses joues de mousse, y passa la lame d'un rasoir droit en se concentrant pour contrôler ses gestes afin de pas entailler sa chair, se rinça et se frictionna avec une lotion à la fougère, puis regarda son visage dans le miroir embué au-dessus du lavabo.

Des cernes noirs encerclaient ses yeux, quelques plaques rouges lui marquaient la peau et sa bouche affichait une lippe grotesque.

J'ai une sale gueule, pensa-t-il en détournant le regard.

La Noire l'appela de la cuisine.

Il enfila le peignoir en tissu éponge de Walerian et descendit les marches en fer de l'escalier qui reliait les deux étages.

Un bruit assourdissant montait de la petite cour intérieure de l'immeuble où un artiste plasticien avait installé son atelier de sculpture sur fonte. Les coups de marteau et le grésillement du chalumeau se mêlaient à une musique de hard rock poussée au maximum. Bien que filtré par le double vitrage des fenêtres, ce vacarme ranima sa migraine.

En plus, l'odeur de nourriture lui donnait mal au cœur.

Se forçant à avaler les haricots et le confit, il se remémora toutes les conneries qu'il avait accumulées depuis des semaines.

À la fin de l'automne, un entrefilet dans *Le Parisien* l'avait poussé à gagner Londres pour y enquêter sur un trafic d'organes entre le Zaïre et l'Europe.

Tony Nayler, un journaliste qui travaillait sur cette affaire, l'avait mené en bateau en lui faisant suspecter des petits truands de Soho à la solde de businessmen ayant tous pignon sur rue. Lors d'un affrontement avec eux Gabriel avait abattu un des voyous d'une balle dans la tête. Scotland Yard avait entendu des témoins prouvant qu'il avait tiré en état de légitime défense et avait expliqué que Nayler s'était moqué de lui pour être seul sur l'affaire. Ensuite, les autorités britanniques lui avaient demandé de quitter le pays.

De retour à Paris, les remords et la honte le poursuivaient encore, car Lecouvreur n'aimait pas tuer.

Chaque fois qu'il y était contraint, cela le rendait malade.

Il se détestait chaque jour davantage, buvait sans arrêt, négligeait son corps et son âme, finit par perdre l'estime de lui-même et devenir aussi stupide qu'injuste.

Cheryl n'apprécia pas et rompit avec lui.

La descente aux enfers s'en accéléra.

À présent, le cassoulet lui redonnait des forces. Il le dévorait avec plaisir. Même l'eau pétillante lui parut excellente.

Carole en fut consciente et se détendit.

– Commençons par le commencement, dit-elle en repoussant son assiette. Il y a longtemps, j'ai travaillé avec Christelle.

– Qui est Christelle ? demanda Lecouvreur.

– Une amie assassinée par le gars qui a tiré sur Kriss.

– OK. J'enregistre.

– On a vendu nos fesses et le reste dans le même bar à filles de la rue Frochot. Pendant un an. Comme moi, elle avait d'autres ambitions que de pousser la clientèle à se saouler au mauvais champagne avant d'aller se faire tripoter sournoisement dans un des salons de l'arrière-salle. La perspective de se retrouver ensuite à tapiner sur le trottoir nous était intolérable. Nous sommes alors entrées en contact avec des nanas qui bossaient comme call-girls et se faisaient un maximum de fric. Elles nous ont expliqué la combine. On y a donc plongé. Moi, j'ai préféré faire ce turbin en indépendante, histoire de ne rien devoir à personne, mais Christelle a monté un réseau international à Berlin. Son caractère et son sens des affaires l'avaient toujours poussée à commander. Nous nous sommes alors perdues de vue. Et puis je l'ai rencontrée, par hasard, il y a six mois sur les Champs-Elysées. Elle avait fermé son agence en 2000 et racolait maintenant sur l'Internet. Ce jour-là, j'avais rendez-vous avec Kriss. Nous avons dîné tous les trois. Pendant le repas, elle a vite compris qu'on formait un couple pas comme les autres.

– Je sais, intervint Gabriel. Tu l'aimes. Il t'aime, mais pourtant il te paye chaque fois que vous faites l'amour. Ce qui ne t'empêche de risquer ta vie pour ses enquêtes. C'est dingue !

Elle haussa les épaules.

– C'est peut-être dingue, mais c'est pas le sujet. Bref, Kriss a évoqué certaines de nos aventures et ma copine en était baba. Ensuite, je suis restée en contact avec elle. Il est même arrivé qu'on se fasse un client ensemble. Mais très rarement. Parce qu'elle rencontrait surtout des fanas de la scatologie. Et moi, c'est pas mon truc de confondre le lit avec les chiottes…

Le Poulpe chassa rapidement les images obscènes qui lui venaient à l'esprit, baissa les yeux et attendit la suite.

La Noire s'étira comme une panthère et continua son récit.

– Bref, le soir du réveillon du nouvel an, j'étais avec Kriss qui rentrait d'un reportage en Côte-d'Ivoire. Mon téléphone portable a sonné. C'était elle qui me présentait ses vœux. Elle avait l'air triste et seule. Nous lui avons proposé de nous rejoindre.

– Pour une partouze ? ricana Lecouvreur.

L'Africaine soupira en lui jetant un regard courroucé.

Il rougit.

– Fais pas attention. Je suis un peu con en ce moment.

Elle réfréna sa colère et reprit la parole.

– Au cours de cette nuit, Christelle nous a raconté avoir fermé son agence à cause d'un scandale financier où était impliqué le député qui la protégeait à Berlin. En plus, le fisc lui avait cherché des noises et elle avait quitté l'Allemagne sans un rond, comme les sept filles qui bossaient pour elle. Ce qui l'avait contraint à racoler sur le Web dans la belle baraque qu'elle s'était autrefois achetée à Neuilly-sur-Seine. Reprendre tout à zéro à quarante ans ne l'amusait pas beaucoup. Alors, le projet des nouvelles mesures législatives contre la prostitution lui donna l'idée de récupérer du blé en vendant son silence aux politiciens qui se fournissaient jadis dans son réseau berlinois. Elle leur demanda de cracher au bassinet. Mais d'un autre côté, les nanas en lutte contre cette loi voulaient la faire passer dans leur camp pour qu'elle les aide à dénoncer l'hypocrisie des gouvernants. Cela l'inquiétait un peu. Elle avait une trouille bleue des pressions de part et d'autre. Ce qui ne la décidait pourtant pas à tout laisser tomber.

Carole se tut pour se préparer un thé.

Gabriel aperçut une bouteille de Jack Daniel's sur une étagère et se leva pour la prendre.

Au moment où sa main allait l'atteindre, elle éclata en morceaux.

Il se tourna vers la Noire et vit qu'elle pointait un Beretta dans sa direction.

– Tu vises bien, déclara-t-il d'une voix blanche.

La jeune femme remit l'automatique dans sa poche.

– C'est Walerian qui m'a appris.

– La détonation va attirer les flics.

– Avec le boucan que fait le sculpteur sur métaux dans l'atelier de la cour, personne n'a fait attention.

Le Poulpe se rassit et écouta la suite.

– L'autre soir, Christelle m'a téléphoné pour je rapplique aussi sec avec Kriss. Elle attendait quelqu'un pour négocier la liste des clients à son prix et nous voulait en renfort afin d'empêcher une éventuelle entourloupe. On ne sait pas avec qui elle avait ce rendez-vous.

Lecouvreur retrouva ses anciens réflexes de limier.

– Un mandataire des politiques ou un représentant envoyé par les putes. Je ne vois rien d'autre. Aucun journaliste lucide ne toucherait impunément à ce gâteau pourri. C'est beaucoup trop risqué. Quant à un quelconque parti désireux d'opérer un chantage sur ses adversaires, ça m'étonnerait. Le goût du vice et celui des plaisirs voluptueux de la chair et des fantasmes sexuels les plus tordus ont autant d'amateurs à gauche qu'à droite. Et, dans ce cas précis, tout le monde opère une alliance pour se blanchir en quatrième vitesse.

Carole hocha la tête avec lassitude.

– Nous sommes arrivés trop tard pour lui sauver la vie.

Les neurones de Gabriel se remettaient à fonctionner.

– Et les sept autres filles ? demanda-t-il.

L'Africaine soupira.

– Tu as tout compris. Notre chère Christelle a été assassinée par ceux qui veulent sa liste pour la rendre publique ou la détruire. Mais ils ne l'ont pas eue. Vu que c'est moi qui l'ai récupérée sur les lieux quand le tueur s'est barré. Seulement, toutes les petites greluches qui ont bossé dans l'agence de Berlin la connaissent forcément. Elles sont donc en danger.

– Et tu veux que je t'aide à les contacter pour qu'elles se planquent ou la ferment ?

– Pas uniquement. L'idée de Kriss, c'est que nous coincions l'ordure qui a ordonné de tuer Christelle.

Le Poulpe se gratta la tête.

– Cherche pas. Je ne vois vraiment pas les putes lancer un contrat de cc genre. Ce sont les flics secrets des gouvernements européens qui ont fait le coup.

– Peut-être. Mais cela me semble quand même énorme.

Elle le regarda dans les yeux.

– Tu marches avec moi ?

Il haussa les épaules en ricanant.

– J'ai jamais pu dire non à une femme.

5

Maximilien de Prospero contemplait ses longues mains fines aux ongles impeccablement soignés. Elles étaient sa fierté. Chaque matin, il s'appliquait à les soigner consciencieusement pour son seul plaisir car nul autre que lui ne pouvait les admirer. Été comme hiver, il ne sortait jamais sans porter de gants et ne les retirait jamais en présence de quelqu'un. Ses nombreuses maîtresses s'étaient habituées à ce qu'il les garde au lit et le soupçonnaient donc à tort de souffrir d'infirmité déformante. Nicolas, son secrétaire, partageait le même doute.

On le surnommait « l'homme aux mains de cuir ».

Il enfila une chemise de soie verte, se choisit un costume croisé de laine gris foncé, noua une cravate rose pâle, planta un œillet noir à sa boutonnière et mit des gants de la même couleur.

Plusieurs personnes l'attendaient dans la vaste salle de réunion qui jouxtait son salon. Tous ressemblaient à de riches directeurs d'entreprise venus discuter de l'avenir de leur société et, visiblement mécontents de devoir ainsi retarder leur repas, ils marchaient de long en large sans s'adresser un seul mot.

Lorsque Maximilien entra, les déambulations cessèrent.

– Asseyez-vous, ordonna le maître de maison.

L'obéissance fut immédiate.

– Commençons par vous, monsieur Detelle, dit de Prospero en toisant un quinquagénaire rubicond. J'ai noté une baisse de fréquentation de nos peep-shows. Pourquoi ?

L'interpellé soupira.

– Toujours en début d'année. Les gens ont eu beaucoup de frais pour les fêtes. En plus, il fait un temps glacial et les rumeurs de guerre… Et puis, avec les nouvelles lois sur le racolage passif, pas mal de nos clients ont préféré déserter le quartier.

– C'est pareil pour nos sex-shops, enchaîna Patrice Quanion.

– Les filles disent que la location des studios est trop chère à cause de la diminution de passes qu'elles subissent, ajouta Yves Mausseur.

L'homme aux mains de cuir les écoutait sans les interrompre.

– Sans compter que plusieurs de ces dames sont passées à l'Internet et reçoivent maintenant leurs clients chez elles, continua le préposé aux prostituées des rues. À leurs risques et périls.

Un vieillard se trouvait parmi le groupe.

Il demanda la parole.

– Monsieur Vidal a quelque chose à nous dire, indiqua Maximilien.

– D'abord, nous savons que cette situation ne satisfait pas la police. Les gars des Mœurs ne peuvent plus surveiller ceux qui erraient dans ces quartiers. Ils craignent donc une forte montée des crimes sexuels et n'ont plus le moyen de collaborer avec les tapineuses pour repérer les maniaques susceptibles de commettre des dérapages meurtriers aux six coins de l'Hexagone. Ensuite, les autorités sanitaires craignent une forte recrudescence d'épidémie de maladies vénériennes comme principale conséquence de clandestinité incontrôlable. Et enfin, certains hommes politiques ont peur que cette répression en faveur d'un ordre moral puisse déplaire à leur électorat masculin. L'ennui, c'est qu'aucun de ces trois secteurs n'a envie de négocier avec nous. Malgré la pression existante ou la menace de chantage. Puisque des flics, des médecins et des députés ont fréquenté les créatures offrant des plaisirs tarifés…

Son exposé plongea l'assistance dans un silence perplexe.

– En revanche, continua le vieil homme, les boîtes gays, les clubs échangistes et les établissements de rencontre marchent du feu de Dieu. Mais nous y avons très peu de parts financières.

Madeleine, la seule femme présente frappa du poing sur la table.

– La seule chance d'obtenir l'abrogation de cette loi à la con, c'est de foutre la trouille aux politiques ! Une liste existe. Elle comporte le nom de gouvernants et de ministres ayant eu recours à des call-girls. J'ai contacté celle qui la possédait pour que nous puissions agir dans ce sens. Hélas, on l'a tuée l'autre nuit. Christelle Vink.

– Je sais, dit Maximilien de Prospero. J'ai chargé quelqu'un de suivre ce dossier.

6

Dupart ne digérait pas la choucroute alsacienne.

Ce qu'il entendait le mettait mal trop à l'aise.

– Comment savez-vous que Christelle Vink voulait faire chanter des hommes publics ? demanda-t-il à Lomer.

Le chauve alluma un cigare et se pencha à son oreille.

– Il n'y a jamais eu de bonne police sans indicateurs. Moi, mon métier est de tout savoir sur tout le monde. Et j'y parviens très bien. Vous, par exemple. Frédéric Dupart. Quarante-neuf ans. Fils d'un facteur d'Hem dans le Nord. Études à Lille grâce à une bourse d'État. Parcours impeccable jusqu'à vos fiançailles avec Marie Blaver. Une fille de Ronchin qui vous plaque pour un industriel roubaisien, l'épouse, puis devient votre maîtresse avant de se donner à n'importe qui. Après une année catastrophique en faculté de droit, vous estimez que le monde est sale, voulez que ça change, postulez pour intégrer la police et êtes admis comme inspecteur. Premier poste à Hazebrouck où personne ne vous rend la vie facile.

Parce que votre idéalisme gêne la plupart de vos collègues. Si bien que vous courbez vite l'échine, ravalez vos ambitions de pureté, devenez un flic comme les autres et trempez dans les combines.

Frédéric serra les poings.

– Vous aimez remuer la merde…

– Disons que je fouille assez allégrement les poubelles. On y trouve des choses étonnantes. Comme des passages à tabac de petits dealers qui ont mal tourné et qui auraient pu vous faire exclure de la police.

– On ne vous a jamais cassé la gueule pour ça ?

– Certains ont essayé. Sans succès. Voulez-vous que je continue ?

Dupart abandonna l'idée de résister au chauve.

– Inutile. Vous savez que j'ai déjà été contraint de collaborer avec des crapules de votre genre au nom de la solidarité entre flics ou de la raison d'État. La seule chose que je me demande, c'est si ce n'est pas vous qui avez ordonné de tuer cette femme.

– Mon job est d'étouffer cette affaire, pas les idiotes qui l'animent. D'après mes comptes, il reste sept call-girls qui peuvent parler.

Frédéric hésitait à le croire. Pourtant, si la décision de supprimer Christelle Vink avait été prise par les services spéciaux, ce Lomer ne serait pas venu s'associer à son enquête. À moins que ce soit une ruse et qu'il serve ensuite de bouc émissaire en cas de catastrophe.

De toute façon, il n'avait guère le choix. Les dés étaient pipés. Son interlocuteur jouait sur du velours.

Le chauffage de la brasserie était poussé à fond.

Une mauvaise sueur dégoulinait sur son visage et le brouhaha des conversations voisines l'abrutissait.

C'était vraiment une sale journée.

Il orienta la conversation sur l'enquête officieuse.

– Vous êtes certain que cette Carole est la dernière personne à qui Christelle ait téléphoné ?

L'homme des services spéciaux commanda du cognac, puis dévisagea le commissaire avec une insupportable supériorité.

– Frédéric, apprenez que mon organisation fonctionne comme une machine. Rien n'est laissé au hasard. Cela fait un moment que nous avons l'œil sur cette belle prostituée africaine qui joue quelquefois les justicières avec un certain Krissawiecz, reporter de son état et trotskiste nostalgique du temps révolu de la révolution armée. Elle ignore que nous savons que ce dernier est actuellement soigné dans la clinique privée du professeur Biette, ancien gauchiste lui aussi ! Dès que nous avons eu connaissance de la mort de Mme Vink, la surveillance de la Black a repris. Je peux même vous dire qu'elle se trouve en ce moment au domicile de son amant et client Krissawiecz en compagnie d'un autre zigoto qui se pique de défendre les victimes de l'oppression : Gabriel Lecouvreur.

Dupart ne put dissimuler sa surprise.

– Le Poulpe ?

– Lui-même. Le monde est petit, n'est-ce pas ? Vous n'avez jamais eu affaire à lui, mais il est connu comme le loup blanc. Anarchiste et entêté. Sauf qu'il nage dans l'alcool depuis des semaines. À mon avis, ce mec risque d'être un poids mort pour la jolie Carole. C'est tant mieux. Nous aurons les coudées plus franches et, avec du pot, on pourra même le mettre enfin hors de circulation. Depuis le temps qu'il nous emmerde à vouloir nous apprendre notre métier ! J'ai une sainte horreur des libertaires.

Le commissaire avait besoin d'air.

Son interlocuteur s'en aperçut et demanda l'addition.

Sur le trottoir enneigé, il prit le bras du policier.

– Mon petit Frédo, je suis exactement comme vous. Pas de femme et pas d'enfants. Des maîtresses occasionnelles et jamais de liaisons. Comme ça, rien à expliquer à personne. Pas d'autres responsabilités que celles liées au boulot. C'est très pratique pour servir la patrie. Maintenant, nous n'allons plus nous quitter. On va voir du pays. J'adore les voyages. Pas vous ?

– Qu'est-ce que vous voulez dire ? Je suis en poste à Paris. Il me faut une autorisation pour agir hors de mon territoire.

– Mais non. Cette affaire est beaucoup trop particulière. Moins il y aura de paperasseries, mieux ça voudra. J'ai déjà fait le nécessaire pour que vous poursuiviez l'enquête hors des frontières. Là où Carole nous conduira. Car c'est la seule qui peut savoir où sont les autres nanas du réseau. Les sept poules de Christelle.

7

Gabriel choisit des vêtements propres dans la garde-robe de Krissawiecz. Un vieux blouson de cuir ressemblant à ceux des aviateurs américains pendant la Seconde Guerre mondiale. Une chemise noire en coton. Un pantalon de velours beige. Une écharpe de lin blanche. Un cardigan gris foncé.

Les deux amis étaient de la même taille, sauf pour les pieds que le Poulpe avait plus grands d'une bonne pointure. Cela le fit râler car il n'avait pas le temps d'aller s'acheter une paire de chaussures neuves. Carole voulait immédiatement partir à Gand par le train à cause de la météo qui, prévoyant du verglas, annonçait des routes peu praticables.

Elle avait déjà téléphoné pour connaître les horaires et commandé un taxi.

Le type chargé de surveiller l'immeuble de Kriss informa son supérieur de leur départ de l'avenue du Maine.

Lomer s'organisa aussitôt pour que Dupart et lui le relaient.

La chasse était ouverte.

Leur voiture les prit en filature au niveau du Châtelet, ne les lâcha plus et stoppa, comme eux, devant la gare du Nord.

– Ils vont prendre le train, dit le commissaire.

– Dans ce cas, nous aussi, répondit calmement le chauve.

Tous deux descendirent du véhicule de fonction, pénétrèrent dans le hall et cherchèrent le couple des yeux.

Lecouvreur grimaçait en accompagnant l'Africaine.

– Toujours la gueule de bois ? lui demanda-t-elle.

– Non, gémit le Poulpe. J'ai un cor à une de mes tentacules et les souliers de Kriss ne sont pas de son goût.

– Petite nature, va !

Gabriel n'apprécia pas du tout l'ironie de sa belle complice et bouda pendant qu'elle prenait les billets.

Ils rejoignirent ensuite le quai où le Thalys engouffrait des passagers.

L'homme des services spéciaux attendit qu'ils soient installés en première classe pour se faire connaître du contrôleur et lui donna des ordres afin que la police et la douane ne fouillent pas les bagages du couple.

Au cas où ils seraient armés…

Dupart le regardait faire et se sentait moche.

Quand Lomer eut terminé de donner ses instructions, il fit signe au commissaire de grimper dans le même wagon que leur gibier.

Le Thalys fonçait dans un paysage de givre. La brume se fondait au ciel gris ardoise. Des flocons tissaient un rideau blanc à l'horizon.

Enfoncé dans son confortable fauteuil, Lecouvreur souffrait de plus en plus de l'étroitesse des chaussures de Walerian Krissawiecz.

Il les avait délacés sans oser les retirer.

Sur le chemin de la gare, l'Africaine lui avait donné les raisons de ce voyage en Belgique. Une lettre trouvée dans le sac à main de Christelle Vink indiquait qu'une nommée Céline correspondait avec elle depuis le départ de Berlin et travaillait actuellement en vitrine à Gand. C'était la seule piste fiable pour connaître le nom des six autres filles. À condition de ne pas arriver trop tard.

– Ta copine n'avait pas les adresses de ses call-girls ?

– Je ne les ai pas trouvées.

Le Poulpe ouvrit un livre ramassé chez Walerian : *Nouvelles peu exemplaires* de François Vernet, un romancier mort à Dachau en 1945, que les éditions Tirésias avaient réimprimé à la demande de Chris Marker, un copain de Krissawiecz.

Cela faisait plusieurs semaines que Gabriel n'avait pas lu un bouquin et il réalisa que ça lui manquait.

Le premier texte retint aussitôt son attention. *El Desdichado*, un récit d'usurpation d'identité pendant l'exode de 1940, mais l'idée que le tueur puisse les avoir devancés à Gand troublait sa lecture.

Un peu avant de passer la frontière, il prétexta le besoin d'aller aux toilettes pour tenter de rejoindre la voiture-bar, pensant que deux ou trois bières lui redonneraient la pêche.

Carole devina son intention et le retint par le bras.

– Je t'autorise une mousse. Pas plus.

– Tu fais chier. Moi, je n'ai ni Dieu ni maître.

– Et surtout plus aucune volonté. C'est pas en te poivrant que tu vas m'aider à retrouver la charogne qui a tiré sur Walerian.

Il se renfrogna, demeura à sa place et se rongea les ongles au sang.

Tout son organisme exigeait de l'alcool.

Le voyant devenir de plus en plus fébrile, l'Africaine se leva, puis revint un peu plus tard avec une canette.

– Heineken, ça te va ?

Lecouvreur la vida, se détendit dans l'illusion de renaître à la vie et reprit sa lecture.

Assis à l'autre bout du wagon, Lomer et Dupart ne quittaient pas le couple du regard.

Un petit blond très maigre faisait comme eux, mais du côté opposé.

Au fil des kilomètres, Gabriel ne parvint plus à déchiffrer les mots imprimés sur le livre et il réfléchit aux nombreuses obscurités qui régnaient sur cette affaire où Kriss l'avait plongé.

– Je trouve qu'on nage un peu dans le brouillard, finit-il par dire à sa compagne. Les politicards qui figurent sur la liste de Christelle ont certainement donné le nom des sept nanas aux flics. Si ce sont eux qui tirent les ficelles d'une Saint-Barthélemy des hétaïres modernes, on va se retrouver en plein dans leur champ de tir. Vaudrait mieux ne pas procéder de façon si frontale.

– L'attaque oblique est inutile, plaida Carole. Les poulets devaient surveiller ma copine et savoir que je la fréquentais. Ils se doutent donc que j'ai récupéré cette foutue liste. C'est d'ailleurs pourquoi je l'ai confiée à Persan. Et ça aussi, ils doivent le savoir. Ce qui les gêne. Parce qu'au cas où il nous arriverait des bricoles, l'ami Paul la publiera aussitôt dans son canard. C'est notre seul bouclier.

– Si je comprends bien, nous sommes actuellement filés.

– Exactement. Alors, pas la peine de se cacher. Pour l'instant…

Gabriel passa en revue les voyageurs du wagon et nota leurs traits dans sa mémoire.

Le Thalys parvint à la gare de Bruxelles où il fallait attendre une correspondance pour Gand.

Lomer en profita pour s'offrir une gaufre liégeoise.

Frédéric le vit ensuite donner un coup de téléphone.

À quelques mètres d'eux, l'Africaine autorisa le Poulpe à boire une bière, mais il refusa et se contenta d'un café.

Elle apprécia son effort.

– Tu reviens de loin.

– Oui, soupira Gabriel. Je remonte un peu à la surface.

Il se revit alors, errant de troquet en troquet jusqu'au bout de la nuit, provoquant des bagarres sans bonne raison, se faisant vider des hôtels pour avoir vomi dans la literie et pleurant sur lui-même en soliloquant dans les rues. Cheryl lui raccrochait au nez à chacun de ses appels. Ses meilleurs potes préféraient l'éviter. Même Pierre de Gondol ne voulait plus qu'il vienne le voir dans sa petite librairie du quartier de la Bastille. Et quand, à bout de fatigue et de chagrin, il s'endormait, l'image du front troué de sa victime anglaise le réveillait toujours en sursaut.

Carole ne l'interrogeait pas sur ses problèmes.

Elle attendait qu'il en parle.

Mais le Poulpe n'était pas encore prêt à crever l'abcès.

– Je connais quelqu'un à Gand, se souvint-il alors.

– Qui ? demanda la Noire.

– Un type sûr. Passe ton portable que je l'appelle.

La jeune femme hésitait.

– Pourquoi tu veux le joindre ?

– Un Beretta pour deux, c'est pas assez, chuchota Lecouvreur.

– Alors, téléphone d'une cabine publique.

Elle le laissa faire et acheta des journaux.

Quand il raccrocha, son visage était plus serein.

– Werner m'apportera un Mauser à la gare de Gand.

– Lourd à porter comme flingue.

– Oui, mais rien ne vaut l'efficacité germanique.

– Et l'exactitude belge, dit la Noire. Notre train est à quai.

Ils grimpèrent dans le wagon de première classe avec les autres voyageurs. Gabriel en compta douze qui étaient déjà dans leur Thalys. Cinq femmes et sept hommes, puis il remarqua un obèse albinos à la frimousse si patibulaire qu'il aurait pu incarner les grands méchants des mélodrames du cinéma muet et le monstre de Frankenstein.

La nuit tombait déjà sur la campagne blanchie.

Dans la voiture, plusieurs personnes s'exprimaient en flamand.

Lomer et Dupart ne parlaient pas.

Le petit blond très maigre se coupait les ongles.

Lecouvreur regarda par la vitre et aperçut des feux de l'autre côté de la voie ferrée.

– Ce sont des cultures de chicons, lui dit sa compagne.

– Des chicons ?

– Des endives, si tu préfères…

Elle rangea les journaux achetés à Bruxelles.

– Pas un mot sur le crime de Neuilly.

Le Poulpe nota que les quotidiens étaient rédigés en flamand.

– Tu lis cette langue ? demanda-t-il.

– Oui. J'ai travaillé un peu dans ce pays. Il y a longtemps.

Elle devint rêveuse et ferma les yeux jusqu'à Gand.

8

Werner Van Halenbeckman reconnut Gabriel Lecouvreur dès que ce dernier descendit du train.

Ils ne s'étaient pourtant pas revus depuis dix ans.

Carole eut le sentiment qu'une amitié indéfectible les liait.

– Vous pouvez très bien venir loger chez moi, leur dit le Belge. J'ai une grande maison sur les bords de la Lys.

– Non merci, intervint la Noire. Nous allons à l'*Hôtel Saint-Joris*, mais prenons d'abord un verre afin de repérer ceux qui nous filent.

Le Poulpe apprécia la présence d'esprit de l'Africaine.

Ils montèrent dans la camionnette du Gantois, roulèrent vers la halle aux draps, se garèrent à côté de la plus vieille auberge d'Europe et allèrent s'attabler à la terrasse intérieure d'une brasserie.

Dehors, Lomer et Dupart demandèrent à leur taxi d'attendre.

– Ils vont voir qu'on les suit, contesta le commissaire.

L'homme des services spéciaux haussa les épaules.

– Et alors ? Cela ne va pas les empêcher d'agir.

Il jeta un œil dans le rétroviseur et sourit en apercevant un break orange arrêté derrière eux.

Deux individus se tenaient à l'avant.

L'un d'eux était le petit blond très maigre du Thalys.

Werner laissait son blouson fermé à cause de l'automatique qu'il y avait enfoui.

Son visage ne montrait aucune impatience.

Ses yeux d'un bleu limpide couvaient son ami du regard.

– Tu as mauvaise mine, lui dit-il.

– Les soucis, marmonna Lecouvreur en observant le taxi qui était en station dans la rue.

Carole réfléchissait en fumant une cigarette.

– C'est curieux, dit-elle. Deux bagnoles semblent nous attendre et leurs occupants trouvent inutile de se cacher.

Leur compagnon comprit parfaitement la situation.

– Besoin d'un coup de main ? demanda-t-il.

L'Africaine le considéra avec perplexité.

– Vous ne me semblez pas être un homme d'action.

– Werner est un compositeur de musique électronique, précisa le Poulpe. Créations expérimentales et maximalistes. Je n'ai jamais pu m'y faire… Quand je pense que son paternel lui avait fait étudier l'accordéon !

– Et il est aussi collectionneur d'armes à feu ?

– Le flingue que je vous apporte est un des souvenirs que mon père a ramené de Barcelone après la chute du POUM, expliqua l'artiste. Il s'était engagé dans les Brigades internationales contre les franquistes. Ensuite, pendant l'occupation allemande, il s'est barré à Londres pour entrer dans la RAF. Un sacré mec, papa… Aviateur et anarchiste.

– *Viva la muerte*, dit Gabriel en mimant le salut des républicains espagnols.

Le garçon vint prendre leur commande avec un air méprisant.

La Noire demanda deux eaux minérales.

Leur compagnon s'offrit une Gueuze.

Le Poulpe lorgna avec envie vers les bocks de ses voisins.

À l'extérieur, le chauffeur du taxi s'impatientait.

– Vous allez faire du sur place encore longtemps ?

Lomer lui tendit un billet de cent euros.

Le type l'empocha et ne protesta plus.

– Je ne comprends toujours pas la manière dont vous gérez cette mission, dit Dupart. Encore une fois, en restant devant le café, ils vont nous repérer.

– Faites moi donc confiance et tout se passera bien.

Le commissaire se retint de déclarer qu'il n'avait justement aucune confiance en lui.

Derrière eux, dans le break orange, aucun des deux passagers ne parlaient.

Ils regardaient l'entrée du café.

Le petit blond très maigre passait une langue jaune sur ses lèvres.

Et une pluie glaciale se mit à tomber sur la ville.

L'Africaine achevait de résumer la situation à Werner.

– Je pense que la nommée Céline ne doit rien savoir de la mort de Christelle. Il semble que la presse belge n'en ait pas parlé. Le mieux est donc d'aller la choper sur son lieu de travail.

– Mais comment tu vas la reconnaître ? demanda le Poulpe.

La Noire sortit une photographie de sa poche.

– Elle avait envoyé ce portrait à son ancienne patronne pour lui montrer comment on lui avait refait le nez.

Ils se passèrent le cliché où une femme aux traits déjà marqués se forçait à sourire.

– On la retrouvera facilement ce soir dans sa vitrine à rêves du quartier réservé, décida Carole.

– Pourquoi pas avant ce soir ? demanda Lecouvreur.

Elle tourna discrètement les yeux vers le taxi et l'autre voiture qui étaient toujours à l'arrêt devant le café.

– Avec les chiens de chasse qui nous coursent ? Pas question. Nous avons besoin de les semer ou de les aiguiller sur une fausse piste. Si quelqu'un a une idée, elle sera la bienvenue.

Werner engloutit sa bière sous le regard envieux de son camarade et baissa la voix.

– Je donne une grande performance ce soir. Il y aura beaucoup de monde. Des amateurs vont venir de toute la Belgique, et même aussi du Luxembourg et de la Hollande. C'est un événement auquel ils se doivent d'assister. Je ne fais qu'un concert de la sorte par an. Vous devriez venir.

– On a autre chose à faire, s'excusa Gabriel. Tu n'as pas pigé que…

Carole l'interrompit sèchement.

– Tais-toi. Laisse-le nous expliquer son plan.

Lecouvreur se mordit les lèvres et réfréna son envie de commander une bière.

– Mon spectacle est bourré d'effets spéciaux, continua le Gantois. Des lumières qui changent et basculent. Plusieurs écrans vidéo où un puissant ordinateur de Tokyo répond en direct au mien.

Il demanda une autre Gueuze et reprit ses explications.

– L'obscurité se fait plusieurs fois pendant ma séance afin de mieux mettre en valeur les improvisations. Cela vous permettrait de fuir au nez et à barbe des gars qui vous filent. En plus, la salle où je joue a une sortie dans chacune des rues du pâté de maison. Deux sont bien visibles, mais la troisième est secrète. Elle passe par une enfilade de cours intérieures et donne sur un terrain vague.

– Pas con, reconnut le Poulpe. Nous attirons nos mecs dans ton truc et on se casse pendant la zizique.

– Je vous ferai un signe quand les lumières doivent rester éteintes un peu longtemps, précisa Werner.

– Et nous brouillerons les pistes en commandant un taxi devant les deux issues évidentes, dit la Noire. L'entrée principale du théâtre et la sortie des artistes. Werner, vous laisserez votre camionnette avec la clef de contact devant la troisième. Gabriel y montera, démarrera et fera diversion pendant que je me débinerai par la dernière issue.

– Tu vas aller seule chez Céline ? s'inquiéta le Poulpe.

– Normal. Il n'y a que moi qui connais la ville.

9

L'albinos obèse engloutit une poignée de frites, regarda sa montre, vida sa bière, paya, sortit du snack et se mit à flâner sous la bruine qui tombait sur Gand. Sa lourde masse avançait avec une incroyable légèreté sur les trottoirs et ses pas le conduisirent au quartier des filles en vitrine. Les rideaux de plusieurs studios étaient tirés.

L'homme en fut mécontent. Sa grosse bouche molle s'agita comme un escargot privé de coquille et ses yeux rouges commencèrent à cligner. Figées dans l'encadrement lumineux des fenêtres, les prostituées le virent entrer dans un cabaret de strip-tease.

Il y but du genièvre et regarda les effeuillages d'un air blasé.

Les entraîneuses hésitaient à venir s'imposer près de lui.

Elles le trouvaient effrayant.

C'est alors qu'une main se posa sur son épaule.

– Je me trompe pas, dit la grande rousse responsable de ce geste. Tu es bien Bertrand ? C'est moi. Agathe ! *Le Jet d'eau* à Paris. En 1988.

Il se détendit et l'invita à boire une coupe de champagne.

– Comment ça va en France ? continua la fille.

– Pas terrible, grommela l'obèse. Comme partout.

Elle leva les yeux au ciel.

– Ici non plus, on ne rigole plus comme avant. Le porno nous a piqué la clientèle. Et puis aussi les travelos, les tantes et les nymphettes sur l'Internet. Tout fout le camp, mon pote. Tout fout le camp !

– Je sais, soupira Bertrand en leur commandant un autre verre.

– Moi, je bosse encore un an ou deux ici. Et ensuite, je prends ma retraite. Mais qu'est-ce que tu es venu foutre à Gand ?

Il posa les doigts sur ses lèvres en clignant de l'œil.

– Voir quelqu'un, ma belle. Incognito.

– Compris, susurra la rouquine.

– Vaut mieux, rétorqua l'albinos avec un sourire de tigre.

Dissimulé sous une porte cochère, Dupart tapait de la semelle pour se réchauffer les pieds.

Une mauvaise douleur gagnait sa jambe droite.

Son regard fixait l'entrée du *Saint-Joris*.

Le Poulpe en était ressorti quelques minutes après y avoir pris une chambre et Lomer l'avait suivi. Gabriel avait acheté des chaussures neuves, puis était revenu à l'hôtel.

– Continuez la surveillance, dit alors le chauve à Frédéric. Je vais aller nous louer une voiture.

Amusé de voir que le break orange du petit blond très maigre du train le filait, l'homme des services spéciaux s'attarda à choisir une banale Renault grise, puis roula lentement dans le quartier de Saint-Bavon, ralentit à la hauteur de Dupart et lui ouvrit la portière.

– Grimpez, mon vieux. Vous aurez plus chaud.

Le policier s'installa sur le siège avant et fit son rapport.

– Pendant votre absence, leur copain est repassé. Il n'est pas resté plus de cinq minutes avec eux. Et si c'était lui qui se chargeait de contacter la fille ?

– Dans ce cas, il leur ramènera.

Dupart admit que le raisonnement était logique.

– Voyez-vous, dit Lomer, tout doit converger vers cette jolie Noire. Elle n'est pas un appât. C'est un aimant. Et cette fine mouche se sent invulnérable. À juste titre… J'ai reçu un appel sur mon portable qui me prouve qu'elle est intelligente. La liste de Christelle est en la possession du patron de *Paris-Monde* afin d'y être publiée s'il lui arrivait un pépin. Bien entendu, Paul Persan s'est arrangé pour que nous l'apprenions.

Donc : ni le Poulpe ni cette fille ne se sentent en danger. En revanche, les nanas du réseau risquent leur peau tant qu'elles ne sont pas sous leur protection. Ou sous notre protection… Voilà pourquoi il nous suffit juste d'attendre qu'elles soient contactées par la Black pour que tout roule parfaitement.

– Ce qui me chiffonne, c'est que les sept call-girls en question sont identifiables par leurs anciens clients ou les autorités allemandes. On doit pouvoir les retrouver sans cette Carole. Les collègues des Mœurs possèdent obligatoirement leurs fiches.

Lomer prit un air désolé.

– Très incomplètes. Après leur passage à Berlin, elles ont changé de nom et de look. L'administration ne s'en est d'ailleurs plus occupée. Négligence coupable qui nous contraint à cette fastidieuse filature.

Le commissaire songea que ce type lui cachait des choses, mais il joua les naïfs et prit un ton admiratif.

– Heureusement que vous pensez à tout.

Le chauve jeta un regard vers le break orange du petit blond.

– Espérons que je sois le seul à raisonner de la sorte, dit-il.

Assis sur l'un des deux lits de la chambre, Lecouvreur examinait le Mauser que Werner lui avait remis.

– Il est en état de marche ? interrogea Carole.

– Impeccable.

– Tu sais tirer, j'espère…

– Hélas, soupira-t-il en souhaitant ne pas avoir à le faire.

Elle feuilleta l'annuaire et prit son portable pour commander des taxis aux endroits et à l'heure que le Gantois leur avait indiqués.

– Comme ça, les flics seront au courant s'ils espionnent ma ligne.

Ils cachèrent ensuite les armes automatiques sous leurs vêtements, puis quittèrent l'hôtel pour marcher jusqu'à la salle de concert.

La Noire ne s'étonna pas de voir deux voitures les suivre et s'arrêta devant la cathédrale pour rajuster son foulard Christian Dior sur le haut de ses tresses blondes.

– Si tout se passe comme prévu, tu me retrouveras à minuit devant le château des Comtes, dit-elle au Poulpe. Ensuite, faudra improviser. Tâche de faire abstinence quand tu seras tout seul.

Le Poulpe haussa les épaules.

– Je ne suis plus un gosse.

– Je n'ai jamais dit que les enfants picolaient.

10

L'homme des services spéciaux arrêta la voiture de location quand il réalisa que le couple entrait dans la salle de concert.

– Suivez-les à l'intérieur, dit-il aussitôt à Dupart. Et surtout, ne les perdez pas de vue. Je vais me garer du côté de la sortie des artistes au cas où ils mijoteraient quelque chose pour nous échapper.

Frédéric ouvrit docilement la portière du véhicule pour se fondre à la foule qui se massait devant la caisse.

Le petit blond très maigre se plaça derrière lui.

Resté dehors, le chauffeur du break orange téléphonait.

Cinq minutes plus tard, deux individus en parka verdâtre arrivèrent en hâte, s'entretinrent avec lui, puis longèrent l'immeuble.

Lomer était déjà en surveillance quand il vit une de ces nouvelles sentinelles se coller contre un porche tandis que l'autre continuait son chemin et tournait le coin de la rue.

Intrigué, il fit démarrer sa voiture afin de suivre ce dernier et aperçut la camionnette de

Werner Van Halenbeckman arrêtée devant une petite porte.

Un sourire satisfait l'illumina.

Il continua de rouler, bifurqua vers un boulevard voisin, stoppa, puis revint en marche arrière, tous feux éteints, coupa le moteur et surveilla le type qui connaissait la seconde sortie.

Au même instant, Fred pénétrait dans l'immense salle de spectacles, suivi par le petit blond très maigre.

Il n'y avait ni chaises ni bancs. Le public se tenait debout face à la scène où un ordinateur était relié à plusieurs haut-parleurs géants. Un écran tombait des cintres.

L'ensemble scintillait par intermittence sous des effets de lumière noire et de rayons laser.

Werner opérait quelques réglages en discutant avec des techniciens.

Dupart repéra Carole, puis le Poulpe, et se rapprocha d'eux.

Le petit blond très maigre était déjà près de l'Africaine.

La performance commença.

Les sons électroniques assourdirent le commissaire. Ce genre de musique lui était inconnu. Il n'aimait que la musique classique et les chants grégoriens. Ses oreilles subissaient donc un vrai supplice et les jeux de lumières saccadées l'agressaient. Pourtant, peu à peu, une sorte d'envoûtement le gagna au point de lui faire oublier la raison de sa présence à ce concert.

Boudeur, Gabriel restait allergique aux improvisations de son ami. Soulagé d'avoir libéré son pied de la torture, il s'inventait d'autres raisons de mécontentement et s'agaçait d'être utilisé comme moyen de diversion pour l'opération en cours. Jouer ainsi les seconds rôles, ça n'avait jamais été dans ses habitudes.

À ses côtés, Carole hochait la tête en mesure avec les pulsations et la collision des harmonies.

Le petit blond très maigre était imperméable aux bruits. Immobile, il scrutait la nuque de la femme noire. Seule sa bouche exprimait un évident mépris.

Lorsque l'ordinateur de Tokyo se mit à dialoguer avec celui posé sur la scène gantoise, tout le public réagit par une agitation fébrile. On se bouscula un peu. Dupart se retrouva éloigné de ceux qu'il surveillait.

Werner eut alors un geste pour signaler l'extinction de la lumière à ses amis. L'endroit fut plongé dans la pénombre. Gabriel fila d'un côté pendant que Carole se précipitait vers les coulisses.

Frédéric réussit pourtant à suivre le Poulpe et se retrouva dans un long couloir qui menait à la rue.

Lecouvreur montait à bord de la camionnette du musicien, mettait le contact et démarrait.

Tandis que le complice du petit blond très maigre allait prévenir ses acolytes, Lomer fit signe à Fred de le rejoindre dans sa voiture.

– Et la Black ? demanda-t-il.

– J'en sais rien, avoua Dupart.

– Elle a pris une autre sortie. Occupez-vous de la retrouver.

Il démarra pour prendre Gabriel en chasse.

Le break orange le dépassa.

Ce constat le fit rire aux éclats.

– Parfait, dit-il à voix haute. J'aime quand c'est parfait.

Carole avançait dans l'enfilade de cours intérieures. Le vacarme du concert l'empêchait d'entendre si quelqu'un la poursuivait. Ce détail la contraria. Les gouttes de pluie glacée coulaient sur son beau visage. Ses bottes s'enfonçaient dans la terre humide.

Elle déboucha dans le terrain vague et se retourna.

Personne ne semblait être à ses trousses.

Pensant que ceux qui la surveillaient avaient mordu au coup des taxis, elle contourna la palissade et regarda dans la rue.

De rares passants marchaient en baissant la tête. Quelques cafés restaient ouverts. Le plus proche était bardé de rideaux opaques.

L'Africaine s'y réfugia pour vérifier si on ne l'avait quand même pas prise en filature.

Elle commanda un double cognac.

Les clients de sexe mâle la dévisagèrent avec bonheur.

L'horloge marquait vingt et une heures trente.

11

Le Poulpe roulait au hasard sans oser faire de vitesse. Ses nerfs ne le trahissaient pas. Dans le rétroviseur, il voyait le reflet des phares du break orange qui l'avait pris en chasse.

La Renault de Lomer restait à distance.

Soudain, Lecouvreur en eut assez de ce carrousel monotone. Quitte à occuper les gars qui le filaient, l'affrontement lui parut séduisant. Il décida de se garer devant un café. Cela surprit l'homme des services spéciaux qui jugea préférable de continuer sa route.

Les acolytes du petit blond très maigre ne firent pas comme lui et leur véhicule stoppa en face de l'estaminet.

Lomer fit ralentir sa voiture, coupa le moteur, guetta la rue dans son rétroviseur et vit le Poulpe entrer à l'intérieur du café.

Les poursuivants restèrent à bord de leur véhicule.

Lecouvreur approcha du comptoir, commanda un genièvre et le but d'un trait. Il eut alors l'abominable sensation d'avoir avalé du plomb en fusion, mais renouvela courageusement l'expérience et se retint de vomir. L'alcool ne lui fit du bien qu'après le troisième verre.

Son regard ne quittait pas la porte. Les clients du bar l'observaient en silence. Le barman lui versa un quatrième genièvre.

Réalisant que ses adversaires ne viendraient pas le chercher dans l'estaminet, le Poulpe paya ses consommations, revint tranquillement dans la rue, sortit le Mauser de son blouson et tira dans les pneus du break orange.

Puis il regagna la camionnette de Werner et démarra en rigolant.

Lomer reprit sa filature à distance.

Bientôt, il vit le véhicule du musicien passer un pont et revenir vers le centre de la ville.

L'horloge du tableau de bord marquait vingt-deux heures pile.

Planqué derrière la palissade du terrain vague, le petit blond très maigre guettait la porte du café où l'Africaine était installée.

Sa main droite serrait la crosse d'un pistolet-mitrailleur. Aucune impatience ne pouvait se lire sur son visage. Seul un léger tic dansant sur ses lèvres dévoilait son goût prononcé pour la cocaïne.

Carole écrasa le mégot de sa cigarette dans un cendrier, termina son cognac et quitta le bar en pleine tempête de libido exotique.

Elle marcha en direction du quartier réservé de la ville, certaine que personne ne la suivait et impatiente de rencontrer Céline.

En arrivant dans les rues à vitrines, des souvenirs lui revinrent.

Pendant quelque temps, elle s'était vendue à Liège, Anvers et ici. Sous le sobriquet de Fang. C'est un client qui l'avait surnommée ainsi du nom de la panthère noire figurant dans la bande dessinée *Raoul et Gaston*. Le manège des hommes devant les fenêtres était exactement le même qu'autrefois. Ils courbaient le dos en passant devant les filles et jetaient des regards sournois avant de faire leur choix.

L'Africaine soupira sans éprouver de remords ni de nostalgie et se concentra sur sa recherche.

Les prostituées s'étonnaient de sa présence, abandonnant la lecture de leur magazine people ou le maillage d'un tricot de laine. Aucune ne répondait au signalement de la call-girl, mais certains rideaux étaient tirés. Céline pouvait donc être occupée avec un client.

Bertrand sortit soudain du cabaret de striptease et aperçut le petit blond très maigre qui rasait les murs, à l'instant précis où la Noire éprouvait un soulagement en identifiant enfin celle qu'elle cherchait.

La fille faisait sortir un homme de son studio, refermait la porte, se postait à nouveau en vitrine et mettait les écouteurs d'un Walkman sur ses oreilles.

Carole lui demanda d'ouvrir.

La femme s'en étonna d'abord, puis céda à son insistance et la fit entrer.

– Tu es Céline ? lui demanda Carole.

La blonde eut un mouvement de méfiance.

– Non. Moi, c'est Madonna.

– Mais avant tu étais Céline, non ? Quand tu travaillais pour Christelle…

Le nom de l'ancienne patronne du réseau berlinois la troubla.

– Qui êtes-vous ?

– Elle s'est fait descendre à Neuilly et tu risques d'avoir le même sort. Je suis venue te tirer de là.

La prostituée recula vers sa vitrine.

– Mais pourquoi on l'a tuée ?

Plusieurs balles traversèrent alors la fenêtre.

Carole se plaqua sur le sol, sortit le Beretta de Kriss, leva les yeux et vit un homme obèse qui ceinturait le tueur en hurlant de rage.

– Bobo, murmura Céline avant de s'évanouir.

L'albinos brisa la nuque de l'assassin et s'enfuit sous la pluie.

Attirés par le bruit de la fusillade, les gens convergeaient vers le lieu de la tuerie.

Allongée au milieu des éclats de verre, Carole hésitait à se relever.

Près d'elle, Céline pissait le sang et rouvrait les yeux.

– Où sont les autres qui travaillaient pour le réseau de Christelle ? lui demanda l'Africaine.

– Chantal, murmura la blessée. *Les 1001 Nuits*. Amsterdam. Et Cathy… À…

Elle n'en dit pas plus et mourut.

Carole se remit debout, aperçut les badauds derrière la vitrine en morceaux, comprit qu'il lui était impossible de s'échapper et alluma fébrilement une cigarette en espérant que la police ne serait pas trop curieuse à son égard.

12

Lomer sentit vibrer son portable et prit la communication.

Un correspondant à la police gantoise l'informa du meurtre d'une nommée Madonna et ajouta que Carole était retenue comme témoin.

L'homme des services spéciaux cessa de poursuivre le Poulpe, alla au quartier réservé et se présenta au commissaire Julien Vouteers qui était chargé de l'enquête.

– Vous voulez voir la femme de couleur qui se trouvait avec elle ? lui demanda celui-ci.

– Non. Prenez simplement sa déposition. Sans la vérifier. Et puis, vous la laisserez partir. Mais quand je vous le dirais.

– Elle portait une arme.

– Je sais… D'ailleurs, vous la lui rendrez. Je m'en porte garant.

Le Belge était stupéfait des ordres qu'il recevait.

– Mais ça n'est pas possible, monsieur. Faut d'abord que j'en réfère à mes supérieurs.

– C'est déjà réglé, dit le chauve.

Il aperçut alors Dupart qui tentait de fendre le barrage de police et s'approcha de lui.

– Je venais dans ce quartier en pensant y retrouver le Poulpe ou Carole, murmura Fred. Quel massacre ! C'est la fille de chez Christelle qui a été tuée ?

– Qui voulez-vous que ce soit, mon vieux ?

– Et l'autre ?

Il désigna la victime de l'albinos.

– Mystère et boules de gomme, répondit Lomer sans conviction.

– Il était avec nous dans le Thalys.

– Et aussi dans le train pour Gand, reconnut le chauve. Allons voir si son cadavre peut nous apprendre quelque chose.

Ils se dirigèrent vers le corps du tueur.

– On lui a bien tordu son cou à cet avorton, remarqua un inspecteur hilare. D'après des témoins, c'est un très gros type qui a fait ça. Mais il s'est sauvé tout de suite. On le cherche…

– Et lui ? interrogea Dupart. Qui c'est ?

– Allez savoir ! dit le policier belge. Pas de papiers. Il a tiré avec un pistolet-mitrailleur Uzi, une arme de professionnel. C'est bizarre… Madonna travaillait ici depuis deux ans. Jamais eu d'ennuis avec elle.

Lomer haussa les épaules et retourna vers Vouteers.

– Une des filles en vitrine a vu le patapouf sortir d'un cabaret, dit le commissaire gantois. Vous voulez venir avec moi pour interroger les entraîneuses ?

– Volontiers.

Dupart les accompagna.

Retenue à l'écart, Carole se demandait comment pouvoir se tirer de ce guêpier. Ayant eu l'autorisation de fumer, elle consommait cigarette sur cigarette. Les policiers lui jetaient des regards méfiants, mais ne lui posaient plus de questions, suite à l'intervention de Lomer. On lui avait pris le Beretta et interdit de parler à quiconque.

Un mince quadragénaire élégant approcha de leur groupe et tendit une carte officielle.

– Je veux parler au commissaire Vouteers.

Il fit un imperceptible clin d'œil à destination de Carole.

Elle reconnut le député flamand Marcel Kreymer.

Un de ses clients occasionnels.

Dans la boîte de strip-tease, Agathe mentait sans vergogne.

– Je le connaissais pas ce gros tas. Jamais vu ici. Mon boulot à moi, c'est de faire boire les clients. Sans critère esthétique. Il m'a payé des coupes. C'est tout. Il m'a pas raconté sa vie.

Lomer se retenait de rire.

Un inspecteur entra et dit quelques mots à l'oreille de Vouteers.

– Excusez-moi, déclara le commissaire en sortant du cabaret.

Dupart profita du terrain devenu libre pour faire du zèle.

– Vous lui avez parlé directement en français ou en flamand ?

L'entraîneuse ricana.

– Vous n'êtes pas d'ici, vous ! On attaque le miché en français. Parce que les petites femmes de Paris ont la réputation d'être de grandes amoureuses. Même les étrangères essaient le truc.

– Et il avait un accent belge ou pas ?

– Si vous croyez que j'ai fait attention ! En y réfléchissant, ce devait être un Suisse.

Elle hocha la tête d'un air assuré.

– Un Vaudois.

– Il est resté ici à boire avec vous et c'est tout ?

– Heureusement. Je suis entraîneuse. Pas catcheuse.

Dehors, Vouteers salua Marcel Kreymer en flamand.

– Qu'est-ce qui vous amène, monsieur le député ?

L'homme lui répondit en français.

– Je traînais par ici. Pour me détendre.

– Vous pouvez compter sur ma discrétion.

– C'est un double crime ?

Le commissaire était gêné à cause des consignes de Lomer et préféra rester vague dans sa réponse.

– Règlement de comptes. Sordide, mais banal.

– Et elle ?

Il désignait Carole qui ne perdait rien de leur conversation.

– Simple témoin, dit le policier à voix basse.

Kreymer parla volontairement plus fort.

– Bon. Je vous laisse. Demain, je dois rentrer tôt à Bruxelles et j'ai hâte de retrouver mon lit à l'*Hôtel Saint-Joris*. Bonsoir.

Quand il se fut éloigné, Vouteers s'adressa à un de ses collègues.

– Quand je pense que cet important monsieur est au parti chrétien et qu'il passe ses nuits à faire des fredaines avec des petites femmes !

– C'est pas le seul dans son cas, ricana son interlocuteur. Ils ont la queue chaude tous ces responsables nationaux.

Le Gantois haussa les épaules et retourna dans le cabaret.

À la surprise de Dupart, Lomer décrétait qu'Agathe ne pouvait pas les aider, puis il indiqua de relâcher Carole.

– Qu'est-ce qu'on fait ? lui demanda Fred en chuchotant.

– Vous reprenez la filature de cette charmante Black, rétorqua le chauve sur le même ton. Après tout, il reste encore six poules en vie.

13

Le Poulpe était en rogne. Il n'aimait pas que Carole lui fasse jouer les seconds couteaux.

Embarqué dans cette histoire vaseuse par amitié pour son camarade Walerian Krissawiecz, il avait espéré secrètement se régénérer dans l'action et assassiner les fantômes qui le hantaient à longueur de temps pour lui rappeler ses erreurs. Gabriel Lecouvreur voulait redevenir un personnage mythique, non pas l'homme qui met le mystère KO comme Nestor Burma, ni un sourcier du fantastique à la manière d'Harry Dickson ou Edgar Flanders, ni l'as de la déduction impeccable à l'instar de Sherlock Holmes, ni un séducteur musclé tel San Antonio à la verve grasse et décapante, ni un raccommodeur de destinées en empathie avec le genre humain à la façon du commissaire Maigret, ni un baroudeur machiste cloné sur SAS ou un de ces flics surhommes que magnifient la télévision soporifique. Mais il se sentait proche du bouleversant Victor Blainville, marqué de surréalisme, ou de Moreau, piéton du siècle bousculé de prémonitions surnaturelles.

Bref, il lui fallait rendosser la panoplie du antihéros qui combat les éthiques en toc au nom du goût de la vérité, démasque les éleveurs de bêtes immondes au ventre encore trop fécond et remet les pendules à l'heure dans un monde de plus en plus pourri, où le temps d'aimer et le temps de mourir sont les otages des marchands de rêves sur support cathodique, des combinards politiques et des escrocs pourvoyeurs de sectarisme ignoble, sans surtout oublier les exploiteurs de tous poils de la misère du peuple.

Au lieu de ça, il roulait bêtement dans la rue en attendant les ordres de sa crépitante partenaire.

Cette foutue salade puait le *requiem*, l'enterrement prématuré, un jugement dernier pour expier le péché de s'être offert à tout le monde avec pas mal d'aveuglement.

Ses aventures se télescopaient dans sa mémoire huilée de genièvre. Les pires comme les meilleures. Pour le meilleur et pour le pire.

Cela lui donnait envie de boire.

Personne ne semblait encore le suivre.

La vue d'un café ouvert le décida à stopper.

Il entra dans l'estaminet où des types vidaient des litres de bière en chantant des marches militaires aux accents nazis. Le barman portait une casquette de SS et des objets liés au IIIe Reich décoraient les murs. Une grosse femme blonde exhibait un svastika sur son épaule.

Tout le monde se tut en le voyant s'accouder au comptoir.

Gabriel commanda un scotch et n'obtint d'abord pas de réponse.

– Je suis français de Paris, précisa-t-il.

Sa déclaration transforma l'attitude générale.

– Ici, on ne tolère pas les Wallons, déclara celui qui le servit. Mais on n'a rien contre les Français.

Lecouvreur afficha un sourire charmeur.

– Je comprends tout à fait. Vous ne devez d'ailleurs pas plus aimer ces salauds de juifs, d'Arabes et de Noirs.

– Tu devines tout, ricana son interlocuteur en lui décochant un clin d'œil complice.

Le Poulpe but son verre, se sentit alors des couilles de mammouth, afficha une des expressions favorites de Clint Eastwood, traversa tous les miroirs et regarda la blonde à la croix gammée d'un air désolé.

– Qu'est-ce qu'une femme comme vous attend de ces lopes ?

Le barman frémit des naseaux en traduisant la phrase en flamand et cracha si fort sur le verre de Gabriel qu'il éclata.

Une brute sans menton ni sourcils bondit alors sur le Français, lui flanqua des coups de poing dans le ventre et le jeta sur le carrelage. La femme tatouée à la gloire du national-socialisme visa son sexe du bout ferré de ses bottes pointues. Un échalas barbu déchira son blouson d'un coup de rasoir.

Le Poulpe se dégagea, brandit le Mauser et tira en l'air. Son geste indifféra les loustics. Ils lui arrachèrent chacun de ses membres avec des cris de cannibale. Lecouvreur fut écartelé en petits bouts de viande sanglante.

Il ferma les yeux, les rouvrit et s'étonna de voir Carole l'observer derrière le pare-brise de la camionnette de Werner.

– Désolée de te réveiller, dit l'Africaine quand il baissa la vitre.

Le Poulpe essuya la sueur qui dégoulinait sur son front.

– Pas grave. Je rêvais. Tu as trouvé Céline ?

– Oui. Je l'ai même vue mourir.

Elle sentit l'haleine alcoolisée de Gabriel et soupira.

– Je préfère conduire.

– Où on va ?

– À l'hôtel. Quand tu auras pris une douche, on causera.

Lecouvreur se poussa pour laisser le volant à Carole et ricana.

– Dans cette histoire, je passe mon temps à me laver.

Quelques mètres plus loin, seul à bord de la Renault grise, Frédéric Dupart attendait (une fois de plus) de suivre la voiture du couple, car Lomer avait accompagné Vouteers à l'appartement de Céline après lui avoir dit de l'y appeler sur son portable au cas où Carole et Gabriel quitteraient la ville précipitamment.

Le commissaire obéissait autant par obligation que par lâcheté. Il aimait de moins en moins la manière dont le chauve le traitait et songeait de plus en plus à changer de camp. La réputation du Poulpe motivait son envie. Il ne s'était jamais trouvé directement mêlé à une enquête où Lecouvreur avait mené la vie dure aux fascistes, mais il savait que ce personnage récurrent ne déplaisait pas complètement à certains de ses collègues qui avaient le cerveau à gauche et la haine des politiciens au cœur.

Mais Frédéric n'était pas un héros et sa petite tentation d'opérer une alliance contre-nature était freinée par la peur.

Constatant que la Noire et son complice rentraient au *Saint-Joris*, il se gara et prévint l'homme des services spéciaux.

Lomer lui répondit qu'il le rejoindrait bientôt et reprit l'examen minutieux de ce que la police gantoise découvrait dans l'appartement de la morte. Pas de liste de ses clients ou d'adresses de ses vieilles copines de Berlin. Juste quelques anciennes lettres de Christelle où figuraient des banalités.

Le commissaire Vouteers l'observait en rongeant son frein.

– Quelque chose peut vous être utile ? finit-il par demander.

– On ne sait jamais… répondit mystérieusement le Français.

– Cette femme ne conservait pas beaucoup de souvenirs, remarqua un inspecteur. Peu de lettres. Aucune photographie. Pas de peluches. C'est bizarre, la plupart des putains ont toujours un ours ou un truc en peluche dans leur chambre. Pas elle.

Ils déplacèrent les meubles pour vérifier si rien n'était dissimulé ou tombé derrière. Recherches vaines. Pas un indice.

Lomer épluchait les factures et les relevés bancaires.

Il constata que Céline virait régulièrement la même somme d'argent sur un compte en Suisse, en nota la référence, alluma un cigare, salua ses confrères belges, quitta les lieux et donna plusieurs coups de fil en marchant vers le centre de Gand.

Une pluie glacée lui fouettait le visage.

Ses traits tendus témoignaient de sa contrariété.

Par la fenêtre de sa chambre, Carole le vit rejoindre Dupart dans la Renault grise.

– Ces deux-là nous collent encore aux fesses, dit-elle au Poulpe en lui montrant la voiture.

Gabriel ne comprit que vaguement ce dont elle parlait.

– Comment Céline est-elle morte ? demanda-t-il.

– Je t'expliquerai plus tard.

Elle tira les rideaux, décrocha le téléphone et appela le concierge pour lui demander le numéro de la chambre du député Kreymer.

Ce nom troubla Lecouvreur.

Il lui était familier, mais ne parvenait pas à se souvenir en quelles circonstances il l'avait déjà entendu.

– Va te doucher, dit-elle à son compagnon. Je m'absente un moment.

Elle glissa la clef du minibar dans sa poche, sortit dans le couloir, monta à l'étage supérieur et frappa à la porte de la chambre 24.

– C'est Carole.

Marcel Kreymer lui ouvrit et la fit entrer.

– Tu connaissais Céline ?

Elle se laissa tomber sur un fauteuil et ne répondit pas.

Le politicien s'inquiéta de ce silence.

– Vous étiez amies ? continua-t-il en se tordant les mains.

L'Africaine le trouvait lamentable, mais pathétique.

– Pourquoi tu as l'air si mal ? finit-elle par lâcher. Et pourquoi tu m'as fait comprendre que tu voulais qu'on se voit ? C'est pas pour une petite séance de cul tarifée, j'espère ? D'ailleurs, on manquerait d'accessoires.

L'allusion à ses goûts sadomasochistes ne calma pas la nervosité du politicien. Il alluma une cigarette pour se donner une contenance, enflamma le filtre et poussa un juron en flamand.

Carole sentait que le moment de la vérité était venu.

– Tu savais qu'elle était en danger ? demanda-t-elle.

L'homme s'affala sur le lit.

– Je l'ai compris en apprenant l'assassinat de Christelle Vink. C'est effrayant. Il y a des méthodes moins radicales que tuer… Et efficaces. En politique, nous les employons souvent. Le meurtre est un dernier recours. Quand on a tout essayé…

Il se passa la main dans les cheveux en crispant la mâchoire et fixa l'Africaine dans les yeux.

– C'est toi la fille qui a la liste de nos noms ?

– Exact.

– Fais attention. Ils se servent de toi, Carole.

– Qui ?

Le député se mordit les lèvres et mentit bien mal.

– Je ne sais pas.

– Si tu n'aimais pas autant te faire taper dessus par les femmes, je te corrigerais jusqu'à ce que tu me dises la vérité. Ce sont les poulets des services spéciaux qui me coursent ?

Marcel grimaça.

– Oui. Et non. Enfin, il n'y a pas qu'eux… Plusieurs engrenages se sont mis en marche. Avec des intérêts différents. Ces groupes sont en concurrence, mais certains sont aussi en collaboration. Mais pas tous… Et pourtant…

Il cherchait ses mots pour tout dire sans trop en dire. En habitué de la langue de bois. Jouant effrontément de la litote, de la métaphore et de la redondance pour occuper le terrain.

Elle patientait, certaine de le voir craquer.

– Écoute, dit-il alors dans un sanglot… Moi, je suis venu à Gand pour prévenir Céline de faire attention et je suis arrivé trop tard. Vu ma position, je ne pouvais pas la rejoindre dans le quartier rouge avant une certaine heure…

– Et ta bande de salauds va massacrer toutes les filles du réseau ?

Marcel bondit du lit.

– C'est pas nous qui voulons les supprimer !

– Alors qui ?

Il leva les bras au ciel.

– Des autres ! Plein d'autres ! C'est une merde incroyable. J'ai pris le risque de venir protéger Céline parce que j'ai un grand sentiment pour elle. Autant te le dire. Je suis le père de son gosse. Il a sept ans. Personne n'est au courant.

Le Flamand paraissait sincère. Carole en fut presque touchée. Mais pas trop quand même.

– Raconte toujours, dit-elle.

Kreymer se versa un verre d'alcool et renonça à le boire.

– J'ai connu Céline comme client. Au début, nos rapports étaient les mêmes que ceux que j'ai avec toi : menottes, cagoules, fouets. Un soir, elle a proposé qu'on fasse l'amour tout simplement. Ce fut formidable, mais ça ne m'a pas guéri de mon besoin d'être dominé. Sauf que je n'en avais plus besoin avec elle. Cela paraît incroyable, mais j'avais deux vies sexuelles complètement différentes l'une de l'autre. Et il y a eu ce gosse. Un petit gars. J'en suis bougrement fier de ce môme.

Après, quand Christelle a fermé l'agence de Berlin, j'ai voulu qu'on légalise tout et Céline a refusé en me disant que mes responsabilités ne me permettaient pas d'épouser une ancienne putain et aussi qu'elle ne m'aimait pas autant que je l'aimais. Alors, je l'ai amenée à Gand où elle s'est fait changer un peu le visage et a choisi un nouveau nom de guerre : Madonna. Chaque fois que je le pouvais, je passais dans la ville. Selon mes obligations, on se voyait à son boulot ou chez elle.

Il reprit sa respiration et soupira en reprenant son discours :

– Ce soir, quand je suis arrivé au quartier des vitrines, elle venait d'être tuée. Alors, je me suis rendu à son appartement. J'ai la clef. Puis je suis reparti ensuite sur les lieux du crime. Et je t'ai vue avec la police…

L'Africaine quitta son fauteuil et but le verre d'alcool que Kreymer avait préparé.

– Pourquoi tu es passé chez elle ?

Il ouvrit sa valise et en sortit un album de photographies et un gros cahier.

– Pour récupérer ça.

– La liste de tes confrères amateurs de putes ?

– Non. C'est son journal intime. J'étais en train de le lire quand tu as frappé à ma porte. Elle y raconte notre histoire, l'enfant et…

Tu es vraiment un sale mec, l'interrompit la Noire. Fallait que tu te couvres. Qu'on ne sache rien de vos si doux rapports… Crapule !

– Ma carrière… murmura le député d'une voix brisée.

Carole lui arracha le tout des mains.

– Confisqué, connard !

– Mais pourquoi ?

– Jusqu'ici, je te tenais par les couilles pour que la douleur te fasse jouir. Maintenant, avec ce petit journal intime, je te tiens encore par les couilles. Mais ça ne va pas te faire prendre ton pied.

Il était trop hébété pour essayer de lui reprendre les pièces compromettantes.

La Noire n'éprouvait aucune pitié ni compassion pour lui.

– Arrange-toi pour que tes puissants amis se tiennent à carreau si tu veux pouvoir la continuer, ta carrière pourrie !

Elle sortit en claquant la porte, regrettant néanmoins d'avoir ainsi perdu la clientèle d'un type qui la payait mille euros la séance.

14

Assis bien droit sur un fauteuil club des années 1950, avec un verre de menthe à l'eau dans sa main gauche gantée et la télécommande de son téléviseur dans la droite, Maximilien de Prospero zappait sans impatience les chaînes du câble. Il ne s'intéressait pas aux images qui se heurtaient en spots sur l'écran à cristaux liquides : feuilleton du temps de l'ORTF, documentaire sur les artistes vivants ou morts, la marine à voile, l'architecture, les animaux, l'artisanat, les guerres, et aussi des débats de société, des compétitions sportives, des films ou les clips musicaux. Il pianotait machinalement en pensant à ce que son secrétaire lui avait appris au sujet de la mort de Céline à Gand.

L'élimination de l'ancienne call-girl de Berlin ne le contrariait que relativement. En revanche, l'évidence que des personnes différentes soient simultanément en chasse de la liste des clients du réseau de Christelle l'ennuyait. Cela pouvait provoquer davantage de désordre, de gâchis et de confusion. Ses projets en souffriraient et ses accords avec les pouvoirs financiers, administratifs et politiques pouvaient capoter. Il avait mis des années à bâtir son empire. Au fur et à mesure de son ascension, il s'était imposé comme un interlocuteur de poids face à la pègre, aux trafiquants en tous genres et aux spéculateurs immobiliers des quartiers où les nouveaux commerces du vice se développaient.

Son succès avait été rendu possible par un échange de services avec la police. Très vite, les batailles ne s'étaient plus déroulées à coups de revolver dans les rues, les bars ou les cabarets, mais à la Bourse ou dans les officines des multinationales. Cela faisait plus propre.

À présent, la dernière étape de mutations touchait à sa fin. Les lois répressives en matière de racolage passif et autres dispositions du même tonneau l'arrangeait plutôt. Il s'y était d'ailleurs bien préparé.

Depuis ses obscurs débuts comme souteneur à Pigalle, Maximilien évitait d'avoir du sang sur les mains et bluffait tout le monde avec une chance insolente, laissant toujours ses alliés occasionnels s'occuper des basses besognes et truquant des situations de manière à ce que ses adversaires s'entre-tuent au lieu de l'attaquer. Sa volonté de puissance ne lui tournait jamais la tête. Prévoyant très judicieusement l'avenir proche ou lointain, il contournait les pièges, légalisait la moindre de ses acquisitions et n'apparaissait jamais comme propriétaire de lieux trop exposés à des contrôles policiers ou fiscaux.

Son seul vice visible était un goût prononcé pour les femmes, mais, là aussi, il se gardait bien de prendre des risques et ne confondait pas le plaisir des sens avec les émois amoureux.

En fait, Maximilien n'aimait qu'une seule personne.

Lui-même.

Il mit le téléviseur en veille.

Sa montre marquait un peu plus de minuit. Natacha devait passer le voir dans une vingtaine de minutes. Elle lui plaisait par son silence et ses talents de fellatrice. Ils n'échangeaient jamais une parole. Elle se mettait nue, le caressait, puis le suçait sans qu'il fasse un geste.

C'était à la fois intense et reposant.

Chacune de ses maîtresses avait sa particularité. Selon son humeur ou la nature de son désir, il choisissait l'une ou l'autre, la convoquait dans l'immédiat et la renvoyait aussitôt après l'amour. Car dormir avec quelqu'un le dégoûtait.

Il se leva du fauteuil, écrasa sa cigarette dans un cendrier en or et ouvrit le tiroir secret de la table qui lui servait de bureau.

Deux dossiers se trouvaient dans la cachette. Le premier (rouge) contenant la liste des clients du réseau de Christelle. L'autre (noir et très mince) indiquait l'identité des sept filles de son réseau et le lieu où elles vivaient maintenant.

Il ouvrit ce dernier, y raya le nom de Céline, le ferma et le rangea.

15

Lorsque Carole eut fini de tout raconter au Poulpe, elle proposa de dormir à tour de rôle afin de ne pas se laisser surprendre.

– Par qui ? râla Gabriel. Qu'est-ce que nous pouvons bien avoir à craindre ? D'accord, il y a toujours des cons qui font du zèle. Mais dans le cas présent, les risques en la matière sont plutôt minimes. Avec les flics qui te relâchent sans trop te poser de questions et te rendent ton flingue bien que tu sois le seul témoin d'un meurtre ! Si je n'avais pas confiance en Kriss, je pourrais penser que tu es de mèche avec eux. Et de toute façon, c'est quand même toi qui as indiqué la cible au tueur.

– Pas la peine de rugir comme ça.

– Jusqu'ici, je t'ai laissée faire comme tu voulais. Dorénavant, c'est moi qui prends les décisions. Compris ?

Elle haussa les épaules, écarta l'album de photographies et ouvrit le journal intime de Céline.

Lecouvreur continuait son soliloque.

– Moi, si j'ai bien tout suivi, avant de mourir, Céline a dit : Chantal. *Les 1001 Nuits*. Amsterdam. Cathy. Donc, on va filer aux Pays-Bas.

Il prit la clef du minibar, hésita, la reposa et entrouvrit le rideau.

La Renault grise était toujours garée dans la rue.

L'envie d'aller dire deux mots à ses occupants l'excitait.

Carole devina son projet.

– Ces zozos dans la voiture en bas ne sont que la partie émergée de l'iceberg. Des pièces mineures du puzzle. Leur parler ou les descendre ne changera pas la situation. Pour le moment, nous avons toujours un tour d'avance sur eux. Faut pas le gâcher. Roupille donc pendant que je bouquine.

Il lui jeta un regard outré, puis s'allongea sur le lit.

Elle se mit à lire le journal intime.

Céline y relatait à peine sa liaison avec Marcel Kreymer, évoquait un peu ses amies du réseau berlinois et s'interrogeait beaucoup sur le vieillissement de son corps, l'affaissement des chairs, l'accentuation des rides et le besoin de se faire opérer le nez, les seins et les fesses.

Le sobriquet de Bobo revenait souvent au fil des pages. L'Africaine crut d'abord qu'il s'agissait du surnom de son fils, puis elle réalisa son erreur. L'enfant s'appelait Alain et son surnom était Lalain.

En lisant entre les lignes, elle soupçonna Bobo d'être le véritable père du gosse et pensa que le député flamand s'était bien fait avoir depuis le début.

Malgré le sommeil qui la gagnait, elle revint sur les passages où il était question des six collègues travaillant pour Christelle : Chantal, Laure, la Duchesse, Sonia, Cathy et Francesca.

Sur ces trois dernières, on ne trouvait que des allusions au passé : la prétention de Francesca et son avarice ; le goût prononcé de Cathy pour les femmes ; l'insouciance de la Duchesse.

Rien d'autre n'existait à leur sujet.

Aucune indication ne permettait de savoir où elles étaient depuis la fermeture de l'agence de call-girls.

En revanche, Carole nota que Sonia restait en contact avec Céline.

Elle semblait être la seule à connaître l'existence de son gamin, s'en occupait un peu pendant les vacances scolaires et l'avait même veillé à l'hôpital quand il avait failli se noyer dans un lac.

Ce qui concernait Laure était assez flou. Ses talents artistiques et sa culture épataient beaucoup Céline, mais son insistance à toujours demander qu'on lui envoie de l'argent l'irritait. Elles s'étaient donc brouillées.

Quant à Chantal, le rappel de sa proposition à venir la rejoindre dans son club d'Amsterdam confirmait l'unique piste laissée à Carole.

En feuilletant plusieurs fois le cahier, elle comprit soudain qu'il devait en exister un autre, car celui qu'elle avait entre les mains ne commençait qu'en janvier 2000 et les premiers mots qui y étaient tracés la frappèrent : « Je continue ces notes sur ma vie. »

L'idée que Marcel puisse posséder les cahiers précédents la mit en fureur et elle réveilla le Poulpe.

– Viens avec moi.

– On se casse ?

– Non. Mais toi, tu vas peut-être briser les os de quelqu'un.

– Trop heureux de servir enfin à quelque chose, persifla Gabriel.

Ils foncèrent jusqu'à la chambre du député flamand.

La porte était ouverte et plus personne ne se trouvait sur place.

Carole eut un geste d'impuissance et soupira.

– Allons à Amsterdam.

À bord de la Renault, Dupart écoutait Lomer.

– Pourquoi vous êtes resté flic, mon vieux ?

– Et vous ? Pourquoi barbotez-vous dans les basses besognes ?

– La vocation. Tout est là. J'avais la vocation.

Il vit alors le couple qui grimpait dans la camionnette de Werner.

– La fête continue, mon petit Fred. Démarrez.

Les deux voitures roulèrent vers le nord.

– Où ils vont ? demanda le commissaire.

– Nous le saurons bien assez tôt, ricana le chauve.

– Vous allez continuer longtemps à me prendre pour un con ? Je suis de plus en plus convaincu que c'est vous qui tirez les ficelles de cette farce.

– Si vous pouviez avoir raison ! soupira Lomer.

16

Jonas regrettait d'avoir chargé l'albinos à la sortie de Gand. Aucune conversation ne s'était établie pour rompre la monotonie du voyage. Le passager restait silencieux et fixait la route en reniflant parfois.

Le camion roulait vers le sud. La visibilité était mauvaise à cause de la pluie glacée qui continuait à tomber. Le routier conduisait donc lentement et il s'ennuyait.

– Vous allez jusqu'où ? demanda-t-il encore à l'obèse.

Bertrand alluma une cigarette sans le regarder.

– Moi, je suis attendu à Orléans, continua le conducteur. Et vous ?

L'obèse ne répondait toujours pas.

– Je vous dis ça parce qu'on va passer la frontière française et qu'il y a parfois des contrôles, reprit Jonas.

– Déposez moi ici, grogna le géant.

– Impossible. Ici, c'est l'autoroute. Mais faut pas vous inquiéter. Je ne suis pas un enfant de chœur. À votre allure, j'ai tout de suite senti que vous étiez en cavale.

– Non. Je suis en deuil.

Le routier ricana.

– Tu peux me faire confiance. Si je t'ai fait monter dans ma cabine, c'est parce qu'on appartient à la même race. Les rebelles !

Il lui désigna une couverture roulée en boule sous le siège avant.

– Enroule-toi là-dedans. Au cas où un douanier se montre curieux, je dirai que tu bosses avec moi et que tu es crevé. Mais surtout, garde les yeux fermés. Jamais ils ne croiraient qu'un albinos puisse tenir le volant d'un poids lourd.

Bertrand lui posa la main sur l'épaule.

– Pourquoi tu veux être gentil avec moi ?

– Parce que j'ai un casier judiciaire noir comme un corbeau.

Ils passèrent en France sans être importuné à la douane.

L'obèse remercia Jonas qui fanfaronna :

– Normal, mon ami. Entre affranchis, faut se tenir les coudes. Et si tu cherches un job, je connais des gens à la coule. Un malabar comme toi, ça peut servir. J'ai rarement vu des paluches d'étrangleur comme les tiennes.

La remarque agaça le colosse.

– On t'a jamais dit que tu parlais trop ?

Le ton de sa voix terrorisa son interlocuteur.

– Tu comprends pas que je veux t'aider ?

– Tais-toi.

Le routier sentit comme une menace et perdit son assurance.

– Tu ne vas pas me faire du mal ?

– Plus un mot.

– Promis.

Ils demeurèrent silencieux jusqu'aux faubourgs d'Arras.

– C'est là que je te quitte, dit l'albinos.

Jonas stoppa devant un arrêt de bus.

Son passager descendit de la cabine et attendit que le camion se soit éloigné pour avancer en direction d'un café qui venait d'ouvrir.

Il commanda un verre de vin blanc, puis descendit téléphoner aux toilettes.

On décrocha à la troisième sonnerie.

– C'est Bertrand, dit l'obèse. J'ai besoin d'une bagnole et d'un jouet pour mon gosse qui n'est pas sage. Pour l'instant, je suis à Arras.

Il nota une adresse, puis remonta boire le muscadet, avala six œufs durs, paya quand le bus arriva et acheta un ticket de transport jusqu'à la gare.

Le jour se levait lorsqu'il s'installa sur la banquette du train pour Amiens.

Les rayons du soleil d'hiver le firent cligner des yeux.

Il les ferma.

Une immense colère montait en lui.

La mort de Céline lui était odieuse.

Insupportable.

Ayant reconnu son assassin, il se faisait un devoir de tuer le type qui avait commandité ce meurtre.

Quand le convoi parvint à destination, il se rendit à l'adresse que son correspondant téléphonique lui avait indiquée.

Une femme assez âgée le fit pénétrer dans un appartement où les murs étaient couverts de photographies de biches et de cerfs.

Elle tendit un Luger à son visiteur.

– C'est tout ce que j'ai.

Il le glissa dans sa poche et se laissa choir sur un divan.

– Et la voiture ?

Elle lui lança des clefs.

– La Volvo noire garée devant la maison. Immatriculée à Paris. Les papiers sont dans la boîte à gants. Avec de l'argent.

– Je n'en ai pas demandé.

– Boris a pensé que tu pouvais en avoir besoin.

Bertrand dévisagea la femme.

– On se connaît, je crois. Tu n'es pas Lucy ?

– Chapeau ! Après trente ans… Bonne mémoire.

– Retirée des affaires ?

– Pas qu'un peu. J'ai vendu mon bar de Grenoble pour vivre de mes rentes dans ma ville natale. Mais j'ai conservé quelques amis du passé. Pour rendre des services. Comme aujourd'hui avec toi. Sans vouloir être curieuse, je suis quand même surprise de te voir sur le sentier de la guerre. T'avais pas raccroché ?

L'obèse jugea inutile de lui raconter l'assassinat de Céline.

– Merci pour tout, dit-il en se levant.

– C'est rien. Je n'ai servi que d'intermédiaire.

Elle lui remit des paquets de cartouches et ouvrit la porte.

– Je pense que tu sais ce que tu fais ?

Il l'embrassa sur la joue.

– T'as encore de beaux yeux, Lucy.

17

Le Poulpe admirait la résistance de Carole. Depuis leur rencontre au *Pied de Porc à la Sainte-Scolasse*, elle n'avait pas pris de repos. Son beau visage ne portait aucune trace de fatigue. Elle conduisait la camionnette de Werner en fredonnant de vieilles chansons des Rolling Stones et des Troggs. Il ne pouvait pas lui donner d'âge. Des bouffées de désir le troublaient et son sexe se durcissait en l'imaginant nue.

L'Africaine était consciente de l'effet qu'elle produisait sur Gabriel.

Il avait besoin d'une femme autant que d'un verre.

Elle regarda dans le rétroviseur pour vérifier que la Renault grise les suivait toujours.

Le chauve était au volant et Dupart dormait.

Ils atteignirent Amsterdam à l'aube. Un soleil pâle éclairait le port. Des hommes erraient sur le quai.

– On va se restaurer, décida la Noire en stoppant le véhicule devant un café. Faut aussi que je situe la boîte, *Les 1001 Nuits*.

– Ce doit être fermé à cette heure, argumenta Lecouvreur.

– Pas forcément. Ce genre d'établissement peut rester ouvert tout le temps. Nous verrons bien.

Lomer se gara et réveilla Dupart.

– Vous avez fait de beaux rêves ?

– Oui, répondit le commissaire. Vous n'y étiez pas.

L'homme des services spéciaux lui désigna la camionnette.

– Ils ont été prendre un petit déjeuner.

Son compagnon les envia.

– Je ne serais pas contre un bon café.

– Allez-y. Et ramenez m'en un.

Frédéric descendit de la voiture et entra dans l'estaminet.

Lecouvreur dégustait des œufs au lard. Carole feuilletait l'annuaire téléphonique en buvant un jus d'orange. Il échangea un regard avec eux, puis alla au comptoir et commanda des sandwichs et du café.

La Noire se leva pour aller téléphoner. Elle passa devant Dupart en souriant avec arrogance. Le commissaire baissa les yeux, puis avança vers la table où le Poulpe s'empiffrait.

– Je ne suis pas contre vous, lui dit-il en évitant de le regarder.

Gabriel répondit à voix basse.

– Ravi de l'apprendre.

Frédéric n'en dit pas davantage et revint au comptoir. Ce couple lui était de plus en plus sympathique. Il ne souhaitait pas que son acolyte leur fasse du mal.

– Qu'est-ce que le zigomar t'a raconté ? demanda Carole en revenant s'asseoir près de Lecouvreur.

– Qu'il n'était pas contre nous.

Elle haussa les épaules.

Dupart descendit aux toilettes.

– Le club n'est pas fermé, dit alors la Noire. Quand tu auras saucé ton assiette, on va y aller. C'est fou ce que tu peux bouffer le matin.

Il posa sa fourchette.

– Ces derniers temps, je me contentais un peu trop de liquide.

L'Africaine lui décocha un sourire affectueux.

– Prends ton temps.

Le commissaire remonta dans la salle, paya le patron et sortit en emportant les sandwichs et le café.

Lomer téléphonait.

Il coupa la communication quand Dupart grimpa dans la Renault.

– Je n'aime pas beaucoup votre expression présente, dit-il en lui prenant un gobelet des mains. La compassion vous gagnerait-elle ? Cherchez-vous le droit divin de porter une auréole ?

Frédéric claqua la portière.

– Qui appeliez-vous ?

– Mon service. Bonne idée d'avoir acheté de quoi manger.

Il mordit dans le pain tartiné de rillettes.

Cinq minutes plus tard, Carole et Lecouvreur regagnaient la camionnette.

– Ils font quand même un joli couple, soupira Lomer. Vous avez déjà couché avec une femme de couleur, mon petit Fred ?

– Je croyais que vous connaissiez mon dossier à fond…

– Quelques éléments ont pu m'échapper.

– J'en doute.

– Moi, j'ai eu une petite aventure avec une Antillaise qui travaillait pour nous. Très belle fille. Très intelligente. Grand tempérament. Chiante aussi…

– Vos histoires de cul, je m'en tape.

– Décidément, Dupart, vous ne voulez pas de mon amitié. C'est dommage…

Il fit démarrer la Renault et reprit la filature.

Trois ou quatre rues plus loin, Carole stoppa.

L'homme des services spéciaux fit de même.

– Passez-moi donc votre sandwich au fromage si vous n'avez pas faim.

Le commissaire le lui donna.

L'Africaine et le Poulpe sonnaient à la porte des *1001 Nuits*.

Une Asiatique leur ouvrit.

– Vous êtes déjà membres du club ? demanda-t-elle en néerlandais.

– Je suis une amie de Chantal, répondit la Noire.

La jeune femme hésita.

– Attendez un instant. Je vais chercher la patronne.

Elle les laissa sur le trottoir.

– Tu parles combien de langues ? s'enquit le Poulpe.

– Une demi-douzaine en plus du douala.

– Tu es donc du Cameroun ?

– Oui, monsieur.

L'Asiatique revint avec une grande brune qui éclata de rire et tendit les bras vers Carole.

– Pour une surprise, c'est une surprise. Toi ! À Amsterdam !

– Fifine ! s'exclama l'Africaine. Je te croyais encore à Nice.

Elles s'embrassèrent.

– Entrez vite, dit la patronne en relâchant son étreinte.

La Noire lui désigna discrètement la Renault.

– Donne l'ordre de laisser dehors les deux rigolos qui se trouvent dans cette voiture. Je t'expliquerai.

– T'as compris ? demanda la femme à la préposée à la porte.

Ils pénétrèrent dans un couloir qui menait à un bureau.

– Je tiens cette boîte depuis un an, déclara Fifine. Clientèle triée sur le volet. On bosse en permanence. Le fric coule à flot. Huit chambres

aux étages. Toutes spécialisées dans un domaine. De la nursery pour les nostalgiques de nourrice à la salle de tortures... En bas, c'est le salon. Pour causer, boire et choisir la partenaire. Viens voir. C'est Byzance. Rien de comparable avec le bar minable que je tenais sur la Côte d'Azur où fallait se faire les mecs sur les banquettes derrière les paravents.

Elle les guida jusqu'à une grande pièce meublée avec goût.

Une géante trônait derrière le bar.

– C'est Minouchette. Ancienne championne de lutte. Ici, je m'emploie que des femmes pour le service. Fleurette, qui est à l'entrée, pratique tous les sports de combat. Et Jenny, celle qui veille en haut, elle peut assommer un bœuf d'une simple gifle !

Des jolies filles étaient assises dans la salle. Deux hommes buvaient avec elles. Ils regardèrent Carole avec intérêt.

– Une nommée Chantal travaille pour vous, dit le Poulpe.

– Très bonne travailleuse, renchérit la tenancière. Et de la classe ! Elle est actuellement en mains. Là-haut. Je vais vous présenter mes petites pensionnaires ?

– Non, soupira l'Africaine. C'est Chantal que je veux voir.

Fifine les conduisit au bar.

– Buvons un verre en l'attendant. Champagne ?

– Pas pour mon ami, prévint la Noire. Il ne supporte pas l'alcool.

Lecouvreur grimaça et se tourna vers les filles. Elles étaient toutes très belles. Une métisse lui lança une œillade.

– Elle te plaît ? demanda l'Africaine.

– Je sais encore reconnaître un travelo, rétorqua le Poulpe.

– Monsieur est connaisseur, apprécia la patronne.

Les deux hommes se levèrent en compagnie de trois filles.

– Ils se décident enfin, grogna la lutteuse. Cela fait trois heures que je leur sers des cocktails.

Gabriel se sentait assez mal. La vue des bouteilles d'alcool aggravait son état. L'envie d'un scotch devenait une obsession. Le tremblement de ses mains attira l'attention de Fifine.

– C'est qui ton pote ? demanda-t-elle à Carole.

– Le Poulpe.

La brune fronça les sourcils.

– Lui ? Je le croyais plus solide. Il est en manque ?

– Oui. Régime sec et solitude.

– À mon avis, faut qu'il se défoule.

L'idée amusa l'Africaine.

– Je suis ton avis.

La patronne du club alla parler à trois des six pensionnaires qui attendaient la clientèle, puis revint au bar et tendit la main.

– Le 15, dit-elle.

La géante lui donna une clef.

Carole se tourna vers Lecouvreur.

– Tu peux boire un coup ou deux. Fifine et moi, on va se causer du passé en attendant que Chantal redescende. Monte avec les nanas dans une chambre.

Il se méfia.

– J'ai l'impression que tu veux me mettre à l'écart.

– Disons que j'en ai assez que tu bandes en me reluquant lorsque je conduis. Alors, profite de ce temps mort pour te livrer à la luxure. Et ne t'inquiète pas. C'est la maison qui régale.

– Elles vont te soigner les tentacules, pouffa la patronne.

Trois superbes nanas vinrent près de lui.

Une grande blonde aux seins imposants.

Une rousse à la bouche large et charnue.

Une petite Noire au corps parfait.

Comme dans un rêve, Gabriel les suivit, sous le regard déçu du travesti.

La chambre 15 était tapissée de miroirs et une immense baignoire se trouvait à la place du lit.

La rousse lui versa un scotch qu'il avala d'un trait, tandis que la blonde faisait couler un bain et que la Noire enlevait sa robe, puis entreprenait de le déshabiller.

Le second verre eut un effet positif sur son esprit.

Il cessa de se poser des questions et se laissa faire, caressant des cuisses et suçant des seins, pénétrant l'une et l'autre fille, jouissant sans débander, buvant encore des verres et s'étonnant d'avoir une érection permanente.

En bas, Carole trouvait le temps long. Son instinct la poussait à ne pas trop en dire à sa vieille copine. Elle lui raconta juste qu'une de ses amies avait des ennuis et voulait joindre Chantal.

Cette dernière n'était toujours pas redescendue.

– Tu connais le mec qui l'a montée ? demanda-t-elle.

– Oui. Un producteur de disques. Camé, mais réglo.

L'Africaine s'impatientait. Depuis son arrivée, aucun client n'était entré ou sorti du club.

On entendit enfin du bruit dans l'escalier.

Une fille aux yeux verts apparut en compagnie d'un vieillard.

– C'est elle ? demanda Carole.

– Non. Lou est une toute nouvelle recrue. Je l'ai testée cette nuit. Parfaite pour les masos. Une vraie perle. Elle ferait éjaculer un mort à coups de fouet.

La dominatrice posa une clef sur le bar et regarda sa montre.

– Je rentre me coucher, dit-elle à la patronne.

– Déjà ?

– Migraine.

– D'accord. Viens au bureau que je te règle la journée.

Le vieillard commanda un verre et sourit à Carole.

– La prochaine fois, j'irai avec vous.

Il eut un petit rire coquin.

Dans la chambre 15, Gabriel barbotait dans l'eau mousseuse et ne songeait plus à satisfaire ses charmantes partenaires.

Il écarta le verre que la rousse lui tendait.

– Merci, beauté. J'ai mon compte.

Elles le rincèrent, le séchèrent et le rhabillèrent.

Il vit son image se refléter à l'infini dans la multitude de miroirs.

Cela le dessaoula.

De larges cernes marquaient fortement son visage hébété.

Marcher lui était pénible. Chaque pas provoquait une vive douleur à ses articulations. Il avait aussi des courbatures dans tout le corps et ne parvenait pas à retrouver son souffle.

L'overdose de sexe en faisait un agonisant.

Soutenu par les filles, il avança dans le couloir en baissant la tête et sursauta en apercevant un filet de sang qui coulait sous la porte d'une des chambres.

Sa main droite saisit aussitôt le Mauser dissimulé dans la poche de son blouson pendant que, de l'autre, il poussait le battant.

Un homme nu gisait sur le lit et une femme était étendue sur le plancher de bois. Tous deux étaient morts d'une balle dans la tête. Un automatique muni d'un silencieux avait été abandonné sur le sol.

La stupeur figeait ses compagnes.

Aucune n'avait la force de crier.

Lecouvreur descendit les escaliers sans lâcher son arme et déboula dans le salon à l'instant même où Fifine revenait de son bureau.

Le vieillard éclata de rire en regardant Gabriel.

– *Bad boy!* lui cria-t-il en levant les mains.

– Qu'est-ce que tu as? demanda Carole.

– J'ai comme l'idée que Chantal est clamsée. Son client aussi.

L'Africaine et la patronne foncèrent à l'étage.

– C'est elle, dit la brune en regardant la morte.

Les trois filles attendaient ses ordres.

– Monte prévenir les clients du second, dit Fifine à la blonde. Les autres, vous redescendez au salon. Quelle merde! Il n'y a jamais eu de meurtres chez moi. Juste deux crises cardiaques. Accidents de travail. On ne peut quand même pas demander un certificat médical aux mecs en mal de tendresse. Je vais prévenir les flics. Heureusement que j'y ai des amis.

– Attends une seconde, dit Carole. Qui est sorti du club depuis que Chantal a monté son client?

La patronne réfléchit.

– Personne. À part Lou.

– Faut que je parle au maso.

Elle dévala les escaliers, empoigna le vieillard par le revers de sa veste et lui parla en néerlandais.

– La dominatrice a quitté la chambre pendant votre séance ?

– J'en sais rien. J'étais attaché sur la croix avec les yeux bandés.

Carole traduisit sa réponse au Poulpe.

– Bien joué, décréta Gabriel. Où crèche cette nénette ?

Fifine était pâle.

– On devait voir tout ça, demain. Elle s'est pointée vers minuit et m'a demandé du boulot en disant qu'elle était forte en SM. Je manque justement d'une bonne maîtresse en ce moment. D'ailleurs Chantal m'avait souvent parlé d'une de ses copines qui pouvait venir de Gand, mais ça traînait. Alors, j'ai appelé un habitué pour qu'il essaie cette nana qui tombait du ciel. Son verdict fut très favorable. Aussi, j'ai joint M. Jeronimus qui est très généreux.

Elle désigna le vieillard qui s'amusait comme un fou.

– Pan pan ! dit-il en clignant de l'œil vers le Poulpe.

Carole se tourna vers les pensionnaires.

– Qui a discuté avec la nouvelle ?

Le travesti se leva.

– Moi, mais elle ne m'a pas dit grand-chose.

– Essaie de te souvenir.

– Non. Vraiment. Je cherche…

Fifine reprit son sang-froid.

– Écoutez-moi toutes : Chantal et son client ont été descendus. Je vais appeler des potes à la police. Que tout le monde reste calme.

Le Poulpe se pencha à l'oreille de l'Africaine.

– On prévient ceux qui poirotent dans la Renault ?

– Pas la peine. Ils vont voir les flics se pointer.

– Et nous ? On reste ?

– Je ne sais pas.

– Demande l'adresse de Chantal. Je vais y aller tout de suite. Toi, tu ne bouges pas d'ici, puisque tu ne crains rien. Nos deux anges gardiens vont certainement te couvrir comme à Gand. On se retrouve plus tard à la camionnette.

Elle accepta et expliqua leurs décisions à Fifine.

– Juliette créchait avec Chantal. Juste à côté.

– Qui est Juliette ?

La patronne des *1001 Nuits* désigna le travesti.

– Il va m'y conduire, décida Lecouvreur.

– Je pense que tu ne m'as pas dit toute la vérité, murmura la brune à Carole. Manque de confiance ?

– Moins tu en sais…

– Mieux c'est… Je connais la rengaine.

Juliette et Gabriel quittèrent les lieux.

En les voyant sortir du club, Lomer fronça les sourcils.

– Suivez-les, Fred. S'ils prennent une voiture, revenez ici.

Le commissaire descendit de la Renault et leur emboîta le pas.

Deux rues plus loin, le poulpe et le travelo entrèrent dans une petite maison. La porte était ouverte. Tout y était sens dessus dessous.

– On arrive trop tard, râla le Poulpe. Vérifie ce qu'ils ont pris.

Le métis s'y employa, puis éclata en sanglots.

– Pourquoi elle est morte ? Pourquoi ?

– Qu'est-ce qui manque ? s'entêta Lecouvreur.

– Rien. Mais Chantal n'avait rien. Des vêtements. Des CD…

– Tu la connaissais depuis longtemps ?

Juliette se moucha dans ses doigts qu'il essuya à un napperon.

– Plus d'un an. C'est elle qui m'a sorti de la drogue et m'a emmené au club de Fifine. Je lui dois tout. Avant, je tapinais pour mes doses.

– Elle te parlait de ses amis ?

– Juste de Céline qui bosse en vitrine à Gand. Elle voulait la faire venir ici.

– Et Cathy ?

– Jamais entendu ce nom-là. Seulement Céline.

Un bruit les fit sursauter.

Ils tournèrent la tête en direction de la porte et virent entrer Dupart.

Gabriel pointa son Mauser vers lui.

– Baissez ça, dit le commissaire. Je viens en ami. Je suis un flic français détaché de force à un gars des services spéciaux. Mais j'aime pas du tout la façon dont il gère cette affaire.

– Pourquoi vous nous filez le train ? demanda le Poulpe.

– C'est un des trucs que je ne comprends pas.

Ils s'observèrent pendant quelques secondes, puis Frédéric haussa les épaules.

– Une des filles de Christelle bosse au *1001 Nuits* ?

– Elle vient d'y être abattue, répondit le Poulpe. La police hollandaise va s'en occuper. Vous étiez en planque devant le club. Vous en avez vu sortir la fille qui a fait le coup. Une nana aux yeux verts. Et ses potes ont tout fouillé ici. Sans rien prendre. À vous de causer.

– À moi ?

– Ne me dites pas que vous ignorez où sont les autres filles qui vont se faire buter ?

– Je l'ignore.

– Et votre copain chauve ?

– Lui… Il le sait sans doute. Mais pas moi.

– Alors, on a plus rien à se dire.

Dupart baissa la tête et sortit.

Le travesti recommença à ramasser ce qui était éparpillé sur la moquette : livres, vêtements, disques, bibelots, magazines.

Lecouvreur le laissait faire en s'interrogeant sur l'étrange conversation qu'il venait d'avoir avec le flic français.

Il se demandait aussi comment pouvoir retrouver les cinq filles survivantes du réseau de Christelle et réalisa soudain que ni lui ni Carole n'avaient encore ouvert le livre de photographies de Céline.

– Chantal conservait des photos ? demanda-t-il à Juliette.

– Non, mais elle rangeait des lettres dans sa trousse à maquillage.

– Bon Dieu ! Où elle est, cette trousse ?

– Au club.

Lecouvreur l'empoigna par le bras.

– Tu y retournes. Tu le dis à ma copine, Carole. Tout de suite.

Le travesti sourit.

– C'est un plaisir de t'obéir. Dommage que je ne puisse pas t'en donner d'autres. Un jour, tu devrais essayer les travelos.

– Qui te dit que je n'ai jamais essayé ?

Ils regagnèrent la rue où Dupart les attendait, marchèrent vers *Les 1001 Nuits* et se séparèrent devant l'entrée.

Juliette sonna et entra dans le club.

Le Poulpe monta dans la camionnette de Werner.

Frédéric rejoignit Lomer.

– Et alors ? demanda le chauve.

Le commissaire mentit.

– Ils ont fait une promenade.

Deux voitures de police vinrent de garer près d'eux.

L'homme des services spéciaux descendit de la Renault.

– Restez ici, Frédo.

Il se dirigea vers les inspecteurs qui approchaient du club et leur montra une carte.

Dupart les vit ensuite pénétrer dans l'établissement.

Assis au volant de la camionnette, Lecouvreur consultait le recueil de photographies de Céline et constatait que des clichés manquaient.

Le député Marcel Kreymer avait pris ses précautions.

Il referma violemment l'album, sentit quelque chose crisser sous la couverture, la décolla, découvrit une épreuve où huit filles souriaient devant l'objectif et reconnut Christelle au centre.

18

Le commissaire hollandais ne rechignait pas à suivre les ordres de Lomer et considérait même que son intervention évitait des ennuis à son amie Fifine. L'homme des services spéciaux indiquait à toutes les pensionnaires du club de témoigner qu'un individu étrange était monté seul au premier étage, puis s'était enfui des *1001 Nuits* juste après le meurtre. Résignées à ce mensonge collectif, Minouchette et Jenny acceptèrent d'en donner un signalement arbitraire.

Comme le client de Chantal était censé porter beaucoup de drogue sur lui, le chauve conseilla encore d'orienter l'enquête sur le milieu des dealers de la ville, puis sourit à Carole. L'Africaine demeura impassible. La puissance de Lomer ne l'étonnait pas et elle jouait momentanément le jeu qu'il lui imposait.

– Je dois quand même fermer ton établissement pendant quelques jours, déclara le policier néerlandais à Fifine. C'est désolant, mais on ne peut pas faire autrement. Et tes filles doivent rester à Amsterdam. C'est pour sauvegarder les apparences d'une enquête de routine.

Le chauve se pencha à l'oreille de son collègue et lui demanda de ne pas appliquer cette règle à Carole.

Les deux clients et le vieux maso étaient toujours là.

– Et eux ? interrogea la patronne.

– Qu'ils foutent le camp, dit l'homme des services spéciaux.

Le commissaire hollandais soupira, puis s'isola avec le Français.

– Vous me couvrez pour la hiérarchie ?

– Bien entendu.

– Mais la meurtrière ?

– C'est mon problème. Donnez-moi donc l'arme du crime.

– J'y suis obligé ?

– Non. Si vous n'avez pas peur des pressions.

Il lui passa l'automatique en clignant de l'œil.

– Coopération européenne.

Le travesti était assis sur le divan et attendait le moment propice pour remettre la boîte de maquillage de la morte à Carole.

Quand Lomer jugea inutile de retenir plus longtemps les filles du club, la transaction eut lieu en douce.

L'Africaine ne comprit pas de quoi il s'agissait.

– C'était à Chantal, dit Juliette à voix basse.

Revenue dans la camionnette, la Noire fouilla la trousse et y trouva une lettre provenant de Bordeaux.

Le cachet de la poste indiqua que l'envoi était récent.

La missive portait la signature de Laure.

– Elle demande du fric à sa copine, résuma Carole.

– Il y a une adresse ?

– Rue des Faussets.

– Cette fois, on téléphone.

– Non. Je pense qu'il faut y aller.

Il soupira et tendit la photo trouvée dans l'album.

– C'est laquelle, Laure ?

L'Africaine écarquilla les yeux.

– D'où vient ce cliché ?

Le Poulpe lui expliqua et reposa sa question.

– Procédons par élimination, dit Carole en désignant les filles. Elle, c'est Christelle. Elle, c'est Chantal. Elle, c'est Céline. Donc Laure est une des cinq dernières. Mais… Attends… La grande mince à gauche… Je la connais. C'est Viviane.

– Il n'y avait pas de Viviane dans le réseau de Berlin.

– Parce que Viviane ne doit pas être son véritable nom. Elle dirige une boîte échangiste en banlieue parisienne. Le *Zig Zig*. J'y ai emmené un client la semaine dernière.

– Kriss sait que tu fréquentes des lieux pareils ?

– Tu oublies que je suis une putain.

Gabriel eut un geste d'excuse.

– D'accord. On va où ? Paris ? Bordeaux ?

Elle s'étira.

– À l'hôtel. Faut dormir un peu.

– J'approuve. Eux aussi doivent avoir envie de roupiller.

Il désigna la Renault grise.

Lomer y était retourné.

Le cirque allait recommencer.

– Démarre, le Poulpe. Je t'offre le *Hilton*.

Ils traversèrent la ville couverte de boue neigeuse.

– Le chauve t'a couverte une fois plus, ricana Lecouvreur.

– Pas seulement. Il a falsifié l'affaire en connivence avec les flics locaux. Je l'ai aussi vu récupérer le flingue de la tueuse.

– Je te répète qu'on nage en eaux troubles.

– On ne va quand même pas laisser tomber.

– Non. Il faut toujours finir ce qu'on a commencé.

La camionnette fut garée devant l'hôtel.

Derrière elle, Dupart attendit la décision de Lomer.

– Faut demander un renfort pour la surveillance, dit ce dernier en bâillant. Ils vont pioncer avant de repartir. Après tout, un peu de repos ne nous fera pas de mal non plus. J'ai aussi besoin d'un bain et d'un repas chaud.

Il sortit de la voiture et passa un coup de fil.

Dix minutes plus tard, quatre individus arrivèrent sur les lieux et prirent les consignes de l'homme des services spéciaux.

Déjà, le Poulpe et l'Africaine avaient pris leurs quartiers dans le palace. La fatigue les abattait. Ils tombaient de sommeil.

– Il n'y avait plus de piaule à deux lits, râla Carole. J'espère que tu ne gigotes pas trop en dormant.

Il la regarda se déshabiller, se demanda comment rester insensible devant un corps pareil et préféra s'installer sur un fauteuil.

– Je te fais peur ? demanda l'Africaine en se glissant sous les draps.

– Malgré la séance du club, je ne veux pas tenter le diable.

– Décidément, tu ne vois pas plus loin que le bout de ton sexe.

Gabriel jugea inutile de lui dire que c'était le titre d'un recueil de poésies de Léo Malet.

19

Après avoir barré le nom de Chantal de la liste, Maximilien de Prospero se versa une seconde tasse de café, la but lentement et se posta devant sa fenêtre, visiblement très mécontent de la tournure prise par les événements.

En regardant les toits couverts de neige, il songeait que la journée commençait mal.

Boris avait demandé à le voir au plus vite.

Bien que l'homme aux mains de cuir détestait tout ce qui lui rappelait ses débuts dans la pègre, il ne pouvait pas refuser de le rencontrer.

Cette obligation tombait toutefois à un mauvais moment.

Les nouvelles d'Amsterdam le mettaient en fureur. Nicolas vint l'avertir que son ancien complice était là.

– Je l'ai installé dans le salon bleu.

– Qu'il vienne ici, ordonna Maximilien.

Un individu d'une soixantaine d'années entra.

Petit, mince et d'une extrême élégance, il avançait d'une démarche souple et fixait son hôte avec de grands yeux d'un bleu d'océan.

Ils se sourirent à peine.

– Ma visite t'étonne ?

– Disons qu'elle m'intrigue, répondit de Prospero.

– C'est au sujet de Bertrand.

– Bobo ?

– Il m'a appelé ce matin très tôt. Pour que je lui trouve une tire et un pétard.

Maximilien soupira.

– Je croyais qu'il avait raccroché depuis longtemps.

Son interlocuteur grimaça.

– Je le pensais aussi.

– Et comme tu as le sens de l'amitié, tu lui as donné tout ce qu'il te demandait.

– Il m'a téléphoné d'Arras et j'ai donc utilisé Lucy qui est à Amiens pour qu'elle le fournisse.

– C'est tout ?

L'homme soupira.

– Il avait l'air d'être en colère. Aussi, je me suis renseigné. Figure-toi que sa Céline vient de se faire buter à Gand. D'après mes sources, ça s'est fait devant ses yeux.

Son interlocuteur baissa la tête.

– Continue.

– Il aurait même étranglé l'assassin avant de se tailler.

Boris prit un temps avant de lever le ton.

– Max, tes filles parlent beaucoup trop de la liste d'hommes politiques qui pourraient faire pression sur le gouvernement afin d'abroger la loi sur la prostitution mise en application depuis peu.

Et l’assassinat de Christelle ne les pousse pas au silence. Bobo a sans doute voulu aller à Gand pour protéger Céline en pensant qu’elle devait posséder la liste en question. Il a donc vu son meurtrier et comprit qui commanditait le massacre. Maintenant, il veut la venger. J’aime beaucoup Bertrand. Je ne veux pas qu’il lui arrive quelque chose. Faut qu’on l’aide à se tirer de là. Tu ne peux pas me dire non. Après tout, il t’a sauvé la vie deux fois. Ne l’oublie pas. Sans lui, les vers t’auraient déjà bouffé.

L’homme aux mains de cuir le regarda sans répondre. Son ami insista.

– Tout porte à croire que les services spéciaux veulent supprimer les filles du réseau de Christelle. Bobo n’a aucune chance.

– Je peux t’assurer que les services spéciaux ne sont pour rien dans ces trois meurtres.

– Trois ?

– Je suis mis au courant des événements heure par heure et je te jure que ce ne sont pas eux qui tuent les filles. Si Bertrand a reconnu l’assassin, il le sait aussi bien que moi. Alors, s’il te rappelle, tu me préviens aussitôt. Ce qu’il sait peut être utile pour arrêter tout ça.

– Il ne dira rien à personne. Il veut venger Céline tout seul.

Boris alla vers la porte, puis se retourna vers Prospero.

– On peut le comprendre. Elle était sa fille unique.

20

Conduite par Bertrand, la Volvo roulait autour de Paris.

Malgré la surveillance accrue de la police, de très jeunes prostituées se tenaient sur les boulevards extérieurs.

Africaines, russes, tchèques, elles tremblaient de froid en attendant le client. Certaines semblaient souffrir du manque de drogue. D'autres affichaient un visage résigné.

Dans leurs voitures, des souteneurs les surveillaient.

L'albinos repéra l'un d'eux, isolé à bord d'une Toyota garée juste avant une bretelle d'autoroute.

Il stoppa son véhicule à une centaine de mètres de lui, en descendit, sortit le Luger de sa poche, approcha lentement du type, puis le braqua avec son arme.

– Ouvre ta portière, grogna l'obèse.

L'autre obéit sans protester.

Bobo s'installa lourdement près de lui, le fouilla et le délesta d'un Ingram M10.

– Tu veux quoi ? demanda le proxénète avec un accent slave.

– Savoir où est Valery.

– Laisse tomber si tu tiens à la vie.

– Parle si tu veux conserver la tienne.

– Écoute bien, gros lard : nous n'aimons pas les vieux cons qui sont trop curieux. Moi, à ta place, j'aurais peur. Très peur. Parce que même les flics ont peur de nous. Alors, rends-moi mon arme et casse-toi.

Bertrand enfonça un doigt dans l'œil de l'homme et le lui creva.

– Où est Valery ?

Le gars hurlait de douleur et voulut appuyer sur le Klaxon.

Son agresseur lui retourna aussitôt les doigts qui craquèrent sous la pression.

– Où est Valery ?

Il pointa l'automatique sur le sexe du truand.

Le Slave avait perdu toute assurance.

– Au *Croque-Monsieur*. Un café de…

– Je sais où ça se trouve, l'interrompit l'obèse en lui brisant la nuque.

Il abandonna le cadavre, retourna dans la Volvo et démarra.

Une rage froide l'habitait.

Ses yeux fragiles pleuraient à cause de la réverbération du soleil d'hiver sous la neige.

Sa bouche se tordait.

Le souvenir de Céline tombant sous les balles l'obsédait.

À Gand, il avait reconnu Youri. L'un des tueurs de Valery, le patron des proxos aux boulevards des Maréchaux. Un ténor de la mafia de l'Est. Chef du nouveau cartel de prostitution de filles mineures à Paris. Une ordure qui terrorisait les gamines, les droguait et les corrigeait en personne pour son plaisir. Bobo désapprouvait ces méthodes. Trente ans plus tôt, à Grenoble, il n'avait d'ailleurs pas attendu la police pour s'attaquer à des types de cet acabit. Pour lui, une prostituée devait être libre de ses actes et payer uniquement pour sa chambre et sa protection. Comme c'était convenu dans la rue Saint-Denis, à Montparnasse et à Pigalle. De même que dans toutes les autres grandes villes du pays.

S'il tolérait les julots casse-croûte, de petits cons minables entretenus par des filles un peu naïves ou beaucoup trop seules, les maquereaux professionnels l'écœuraient.

La prostitution n'était plus un marché d'esclaves jusqu'à ce que des types comme Valery viennent pourrir le commerce en jetant des gamines terrorisées sur le marché.

Cela choquait sa relative morale.

Retiré des affaires depuis dix ans, Bertrand avait conservé le contact avec ses anciens complices et n'ignorait donc rien de la situation actuelle. En apprenant l'assassinat de Christelle, il avait craint pour Céline qui avait appartenu à son réseau berlinois, mais il la pensait protégée par sa nouvelle identité. C'est pourquoi son intervention gantoise fut tardive et il ne se le pardonnait pas.

Coincer Valery n'était pas commode.

Le Russe devait s'entourer de gardes du corps.

Lui faire la peau demandait de la méthode.

L'obèse se calma pour tenter d'établir un plan imparable, mais opta vite pour une attaque surprise.

Comme à l'époque de ses débuts.

Quand Boris et lui avaient dégommé la bande du Basque à Lyon.

Mais cette fois, il était tout seul pour agir.

Ce détail ne le découragea pas.

Le Croque-Monsieur se situait à l'angle de deux rues. Avant, le café s'appelait *Le Grand Coin*. Ses différents propriétaires lui avaient conservé son allure de vieux bistrot des années 1930 et continuaient à en faire un repaire des différentes pègres. L'endroit possédait une seule entrée. Le couloir menant aux toilettes donnait sur une arrière-salle où Valery devait sans doute se trouver avec ses hommes. Comme le faisait toutes les bandes précédentes du quartier. Un rite.

Seule la vitesse d'exécution pouvait permettre de les surprendre.

Bobo se gara devant le bar, vérifia le chargeur du Ingram M10 et celui du Luger, puis entra dans le café, commanda un vin blanc au comptoir, se dirigea ensuite vers les WC, empoigna les automatiques et défonça la porte de la pièce où celui qu'il cherchait pouvait être.

Le voyou était là, entouré de quatre acolytes qui dégainèrent.

L'albinos tira le premier avec le pistolet-rafaleur et les descendit.

Valery levait les mains en tremblant.

– Me tue pas !

Bertrand lui posa le canon du Luger sur la nuque et le fit sortir.

Quand ils traversèrent le bar, personne n'osa s'interposer.

Quelques secondes plus tard, l'obèse obligeait le truand à démarrer.

– Prends la direction des périphériques, ordonna-t-il sans baisser son arme.

L'otage obéit.

– Rejoins l'autoroute de Lyon, signala Bobo.

– Je peux savoir ce qui tu as contre moi ? marmonna le voyou.

– Ta gueule !

– Qui t'a payé pour faire ça ?

– Personne. C'est un compte entre toi et moi.

Valery esquissa un sourire.

– Tu es Bertrand, non ? On s'est déjà croisés.

L'albinos le gifla.

– Je t'ai demandé de la boucler !

Le truand ne dit plus rien. Il ne comprenait pas ce que l'obèse avait contre lui. Ni pourquoi il l'avait enlevé.

– Sors ici, lui dit bientôt Bobo. Et dirige-toi vers le grand bois.

La Volvo roula sous les arbres aux branches dénudées.

– On arrête ici. Près de la clairière.

Quand la voiture fut garée, il en fit descendre son prisonnier.

– Maintenant, je veux savoir pourquoi ton copain Youri a descendu Céline à Gand.

– Qui est Céline ?

Il reçut un coup de pied dans le ventre et s'écroula en vomissant.

– Je suis d'un naturel plutôt impatient, dit Bertrand.

L'autre s'essuya la bouche.

– Doucement. Tu te trompes. J'y suis pour rien. C'est pas moi qui ait envoyé Youri en mission.

– Qui ?

– Je ne peux pas le dire.

– Pourquoi ? Tu préfères que je te tire une balle dans le crâne ?

– Si tu voulais me tuer, je serai déjà mort.

– Possible, mais pas certain.

Valery céda.

– Alexander a donné les ordres.

– Quel Alexander ?

– Celui de Locarno.

– Éclaire-moi un peu plus.

L'homme de la mafia de l'Est se releva.

– Alexander Vajiensko. Il dirige le trafic des filles avec son frère de Prague.

– Où on le trouve à Locarno ?

– *Grand Hôtel*. Il y a une chambre à l'année.

L'obèse tira en pleine tête du Slave.

21

Gabriel ouvrit les yeux et ne sentit pas bien. Il n'avait dormi que par intermittence. De mauvais rêves avaient gâché ses brefs moments de sommeil. Sa bouche était sèche. L'envie de boire le torturait. Pour ne pas céder à la tentation, il essaya de lire la suite des *Nouvelles peu exemplaires*, en admira le second récit intitulé *Aller retour*, se dit que ce type avait du talent, puis alluma le téléviseur en coupant le son afin de pas réveiller Carole.

Une multitude de chaînes alimentait l'hôtel. Le Poulpe zappa de l'une à l'autre et découvrit soudain le logo d'un programme pornographique à péage.

L'image de présentation du film proposé l'intrigua aussitôt.

La femme présente sur l'icône lui était familière. Elle se nommait Eva Suck et il était certain d'avoir vu son visage récemment. Mais où ?

Et la mémoire lui revint.

La photo de groupe des call-girls de Christelle !

Lecouvreur prit le cliché en question, alluma la lumière et secoua l'Africaine.

– Regarde ! lui dit-il en désignant l'écran.

La Noire grogna.

– Tu ne veux quand même pas qu'on regarde un film X ensemble ?

Le Poulpe lui colla la photographie devant les yeux.

Elle réalisa tout de suite la trouvaille de son complice.

– Visionnons cette connerie pour savoir qui l'a produite et quand.

Il saisit la télécommande et appuya sur OK.

Un prégénérique montra une séquence de double pénétration et des éjaculations répétées sur le visage d'Eva Suck, puis le nom de la maison de production s'inscrivit en superposition.

Lucky Blue Pictures.

Gêné par la nudité de Carole, Lecouvreur se sentait excité.

Elle le sentit et s'enroula dans le drap.

Les scènes de sexe se succédaient en un crescendo routinier, mais le soin apporté aux décors indiquait que cette bande avait été réalisée avec sérieux. Une sophistication certaine accentuait cette impression. Ce n'était pas du boulot d'amateur.

Vers le milieu du film, Eva Suck se promenait dans Rome et s'arrêtait devant un kiosque à journaux. En déchiffrant les titres des quotidiens, Gabriel nota que cette « œuvre » avait été réalisée pendant le dernier été. Ce détail était important.

– Lucky Blue Pictures existe certainement encore, dit-il.

– Bonne piste, admit l'Africaine.

Elle quitta le lit pour se rendre dans la salle de bains.

Il éteignit le téléviseur et regarda sa montre qui marquait seize heures. Dehors, la neige ne tombait plus. Le ciel était bleu. Sur le parking du *Hilton*, des flaques d'eau témoignaient du redoux.

Carole revint s'habiller dans la chambre.

– On va filer tout de suite à Bruxelles, dit-elle. Ton ami Werner y récupérera sa camionnette et nous prendrons le train pour Paris.

– Et après ? demanda Lecouvreur.

– Bordeaux. Mais avant d'y aller, il faudra en apprendre davantage sur Lucky Blue Pictures. Kriss peut nous y aider. Il connaît des gens dans ce business. On ira le lui demander à Puteaux. Grouille-toi. On se casse.

Ils descendirent régler leur note à la réception.

Les sbires appelés par Lomer prévinrent ce dernier.

– Debout ! cria le chauve en secouant Dupart. Ils lèvent le camp.

Frédéric rabattit la couverture.

– Je dois pisser.

Il alla libérer sa vessie.

En bas, l'Africaine fumait une cigarette à côté de la Renault vide.

– Tu ne veux pas qu'on les sème ? demanda Gabriel.

– Au contraire, répondit la Noire. Ces deux ordures nous servent de protection. Tant qu'ils seront là, aucun flic européen n'arrêtera notre enquête. Et je suis maintenant persuadée que les gens du gouvernement ne sont pour rien dans l'assassinat des filles de chez Christelle.

Le Poulpe vit leurs poursuivants sortir du palace.

– Les voilà.

– Alors en route, déclara la Noire.

Frédéric les prit en filature.

L'homme des services spéciaux restait silencieux.

La dernière communication téléphonique qu'il avait reçue le laissait perplexe.

Le numéro du compte en Suisse sur lequel Céline versait de l'argent à date régulière était celui d'une école privée où se trouvait son fils.

L'information lui faisait de la peine. Maintenant, ce gosse était un orphelin. Comme lui-même l'était.

Sa propre enfance lui revint en mémoire. Parents morts au cours d'un incendie. Jeunesse sous la coupe d'un tuteur à l'autorité stupide. Pas la moindre liberté jusqu'à sa majorité. Pour Lomer, la vie n'avait vraiment commencé qu'avec l'armée en Algérie. C'est là qu'il avait débuté dans les services spéciaux.

La fiche de Céline ne mentionnait pas l'existence de son fils, mais elle avait apporté des éclaircissements précis sur le meurtrier de son assassin. Bertrand Cauvaliaz, dit Bobo. Son père.

Un vieux truand au physique d'albinos très reconnaissable.

Il l'avait repéré dans le Thalys sans y prêter attention, bien trop préoccupé par la présence du petit blond très maigre. Une erreur regrettable. Dommage…

Les deux véhicules arrivèrent à Bruxelles dans la soirée.

Lecouvreur appela Werner d'une cabine publique tandis que Carole prenait des places pour le Thalys.

Le train démarra vers Paris.

Dupart et Lomer occupaient le même wagon de première classe que le couple.

Le Poulpe s'abstint de boire au cours du trajet. Il sentait le regard de Frédéric sur lui et s'en agaçait. L'alliance tacite avec un flic n'était pas de son goût.

Il continua à lire *Nouvelles peu exemplaires*, mais ferma le livre en repensant à Marcel Kreymer. Le nom du député lui était familier. Impossible pourtant de se souvenir pourquoi.

Gare du Nord, la Noire demanda à un taxi de les conduire en grande banlieue et Lecouvreur comprit qu'ils se rendaient au club échangiste de Viviane.

Il ne fit aucun commentaire durant le trajet.

Le *Zig Zig* se trouvait en pleine campagne. Un colosse y filtrait la clientèle. Il reconnut Carole et les laissa entrer.

Lomer gara la voiture de fonction récupérée à la gare et grimaça.

– Cette boîte est réservée aux couples.

– Pas pour moi, affirma Dupart en sortant sa carte de police.

– Rangez ça, mon vieux. Nous n'y allons pas.

Le commissaire éclata en fureur.

– Et s'il se passe la même chose qu'aux *1001 Nuits* ?

– Frédo, vous êtes d'un naturel pessimiste.

À l'intérieur du club, une vingtaine d'hommes et de femmes occupaient les salles aménagées en chambres.

Certains étaient plus ou moins nus et faisaient l'amour. D'autres gardaient leurs vêtements. Quelques-uns se contentaient de regarder les ébats à la lueur des lumières tamisées. Les autres bavardaient en buvant.

Derrière un comptoir, une femme aux gros seins débordant d'un minuscule débardeur servait les clients en alcool et en préservatifs.

À ses côtés, un type à la tête rasée tenait la caisse.

Carole lui serra les mains.

– Viviane est là ?

– Pas encore.

L'homme dévisagea le Poulpe et gloussa.

– Lecouvreur ! Ici !

Gabriel reconnut Julio Martez, un flic des Mœurs qui l'avait jadis aidé pour une affaire de pédophilie dans le milieu des néonazis. Pas vraiment un ami. Mais un gars assez fréquentable.

– Tu t'es reconverti ? lui demanda-t-il.

Son interlocuteur ricana.

– Traversée du miroir. Et puis, je connaissais bien la musique. Ce qui me permet de ne jamais outrepasser la loi. Ici, pas de came, aucun mineur. Rien que des gens de bien qui aiment le cul. Jamais de salades.

Il semblait fier et heureux.

– Et tu es le patron ? fit le Poulpe.

– Exact. Associé à ma maîtresse.

– Viviane ? demanda l'Africaine.

– Dite la Duchesse ! précisa Martez.

Carole écarta une petite rousse qui lui caressait les cuisses.

– Tu la connais depuis longtemps ?

– Deux ans, répondit le maître des lieux. C'est le grand amour. Elle bossait sur l'Internet à Marseille quand je suis venu l'interpeller pour une histoire d'entôlage bidon. En fait, le plaignant voulait se venger d'elle parce qu'il n'était pas content de ses services. Pour moi, ce fut le coup de foudre. J'ai étouffé l'affaire et je suis devenu son amant. Et voilà qu'il me tombe un coquet héritage ! Alors, j'ai démissionné de la police. Viviane a eu l'idée de racheter cette boîte.

On s'est installés dans le coin. Nous allons nous marier bientôt. Un vrai conte de fée !

Un type nu vint réclamer une capote anglaise.

– C'est votre troisième, le félicita la blonde. Vous tenez vraiment la forme ce soir.

– Vive Priape, cria le libertin en désignant son membre à Carole.

L'Africaine fit la moue.

– Pas terrible, mon gars. Pour servir de cure-dents, à la rigueur…

Le partouzeur n'insista pas et regagna la pénombre.

Gabriel n'était pas insensible aux cris de volupté qui parvenaient à ses oreilles et observait les couples en action.

Une fille très grande s'en rendit compte et lui fit alors signe de la rejoindre. Elle avait des mains aux doigts immenses avec de très longs ongles peints en rouge vermillon. Son partenaire la pénétrait à grands coups de reins et encourageait le Poulpe à venir.

Près d'eux, trois types se masturbaient.

La petite rousse qui avait tripoté Carole suçait une femme d'une incroyable maigreur.

Le Poulpe eut du mal à détourner son regard de l'orgie.

Ayant identifiée Viviane comme étant la Duchesse dans le réseau de Christelle, la Noire s'inquiétait de son absence.

Elle interrogea Julio.

– Quand est-ce que la femme de ta vie arrive ?

– Je ne comprends pas, dit Martez. Elle devrait être là depuis un bon moment. C'est même bizarre. Je vais l'appeler.

Il composa un numéro et devint inquiet.

– Son portable est bloqué sur la messagerie. Je vais essayer à la maison.

Carole vit que Lecouvreur fixait à présent les bouteilles d'alcool en se passant la langue sur les lèvres.

Le patron de la boîte reposa le combiné du téléphone.

– Pas de réponse et pas de répondeur sur la ligne directe.

– Vous habitez où ? demanda l'Africaine.

– Louveciennes. À vingt minutes en voiture.

Elle arracha Gabriel à la contemplation des liqueurs fortes et le secoua sans ménagement.

– On file chez Viviane.

Julio pâlit.

– Vous croyez que… ?

Elle l'interrompit.

– J'en ai bien peur.

Il sortit du *Zig Zig* avec eux.

– Ma Porsche est là.

Lomer les vit monter dans l'automobile.

– Comme d'habitude, dit-il en tapant sur l'épaule de Dupart.

Le commissaire mit le contact et appuya sur l'accélérateur pour ne pas perdre le bolide des yeux.

Son compagnon passa un coup de fil et apprit alors la tuerie du *Croque-Monsieur*.

L'identification de Bertrand ne faisait aucun doute. Il semblait donc que c'était la mafia de l'Est qui menait la danse afin de s'emparer de la liste des politiciens, mais Lomer ne comprenait pas comment ces truands avaient pu se procurer l'adresse des filles.

Pendant le trajet, Gabriel informa l'ancien flic des Mœurs du danger couru par la Duchesse.

– Elle ne m'a jamais rien dit sur son travail de call-girl à Berlin, affirma Martez en jetant un regard inquiet dans le rétroviseur.

– On sait qu'une bagnole nous suit, soupira l'Africaine.

Leur véhicule stoppa devant une belle maison entourée d'un jardin arborée.

— Il y a de la lumière chez moi… marmonna Julio.

Ils entrèrent dans le salon.

Une femme criblée de balles gisait sur la moquette.

– Ma Viviane ! hurla Julio.

Le désordre prouvait que l'assassin avait fouillé partout.

– Va chercher nos anges gardiens, décida Carole.

– Tu as raison, approuva Gabriel.

Il se dirigea vers la voiture de Lomer et frappa à la vitre.

Dupart la baissa.

– Au cas où vous ne le sauriez pas déjà, il y a un cadavre de plus.

22

À quelques kilomètres de la frontière suisse, l'albinos gara la Volvo noire sur une aire de repos. Les conducteurs des voitures arrêtées au même endroit dormaient, la tête appuyée sur le volant, ou étudiaient minutieusement un parcours sur une carte routière. Dans l'une d'elles, un couple faisait l'amour sans se soucier d'être vu.

Conscient que personne ne faisait attention à lui, Bertrand saisit le rouleau de gros ruban adhésif qu'il avait acheté dans une station-service, descendit de son véhicule, glissa sa lourde carcasse en dessous, y colla les armes automatiques, vérifia qu'elles étaient bien arrimées, puis reprit la route en ne roulant pas trop vite.

Les douaniers lui demandèrent ses papiers, firent ouvrir le coffre et le laissèrent partir.

Bobo attendit de dépasser Lausanne pour stopper, afin de remettre le Luger et l'Ingram M10 dans la boîte à gants. Ses mains ne tremblaient pas. Il ne sentait guère troublé par sa soif de vengeance. On avait tué sa fille unique et cela lui suffisait pour détruire impitoyablement tous ceux qui en étaient responsables. Pourtant, l'albinos n'était pas un maniaque de la gâchette. Au temps de sa participation active au grand banditisme, il évitait même de faire usage des armes à feu, refusant de tirer sur les flics pour leur échapper, réglant certains litiges à poings nus et ne se servant d'un pistolet que contre des rivaux plus radicaux que lui. En trente années de pègre, il n'avait descendu qu'une dizaine de voyous.

Mais depuis la mort de Céline, c'était différent.

Quand sa femme avait décédé d'un cancer, Bertrand s'était appliqué à élever au mieux sa fille, l'inscrivant dans une école privée, veillant à lui donner le meilleur confort et mentant sur ses occupations.

La gamine n'en avait pas moins les marques de son sang.

À dix-sept ans, elle fugua avec un musicien punk.

Il la retrouva vite et la punit.

Six mois plus tard, elle se sauvait encore, tombait dans la drogue et se prostituait. Bobo en fut malheureux. Il la récupéra pourtant à sa demande lorsque que des amateurs tentaient de la racketter. Céline lui expliqua alors qu'elle avait compris les choses de la vie, savait qu'il était un truand et promit de se faire désintoxiquer à condition qu'il ne s'oppose pas à son projet de devenir call-girl. Bertrand retint ses larmes, craignit de la perdre et céda. Elle partit travailler à Berlin. Ils restèrent en contact, mais se virent très rarement.

Lorsque Céline fut enceinte, elle le prévint et l'informa de qui était l'enfant, mais ne lui permit surtout pas de s'en mêler. L'albinos garda le secret. Il rendit cependant visite au gamin et se montra un gentil papy. Le démantèlement du réseau de Christelle lui donna de nouvelles inquiétudes. Il avait déjà pris sa retraite et ne vint jamais à Gand. Comme il n'avait pas été Berlin, car la voir au travail lui était impossible.

L'assassinat de Christelle changea cette résolution.

Bertrand la sentit en danger, passa la frontière et ne put empêcher son assassinat.

Maintenant, il se considérait lui-même comme déjà mort.

Mais avant de passer dans l'autre monde, il voulait tous les tuer.

23

Pendant que la police criminelle inspectait la résidence de Julio, Lecouvreur observait l'homme des services spéciaux qui ne cachait même pas son ennui.

Carole était assise sur le perron de la maison. Elle fumait en regardant tourner les gyrophares des voitures de police. La découverte d'une quatrième femme assassinée l'abattait d'autant plus que les circonstances de ce dernier meurtre démontraient que les tueurs n'avaient pas eu besoin de la suivre pour repérer la Duchesse.

Cet aspect des choses tendait à prouver que Lomer n'était pas l'instigateur du massacre. Il indiquait aussi que les exécuteurs avaient maintenant pris un temps d'avance sur elle et qu'ils connaissaient les nouvelles identités de certaines des filles du réseau de Christelle.

Le Poulpe vint à côté d'elle.

– Tu penses comme moi ? demanda-t-il.

– Oui, répondit l'Africaine. Ces ordures ont peut-être déjà tué les quatre dernières femmes.

– C'est ce que redoute Dupart, le flic qui est obligé de bosser avec le chauve. Il aimerait que nous fassions dorénavant équipe, mais cela dépend de son patron.

– Et de nous, murmura la Noire.

– On n'a pas vraiment le choix.

Elle se releva et alla dans le jardin.

Gabriel revint dans le salon, se dirigea vers Martez et renonça à le réconforter. L'ancien policier pleurait devant le corps de Viviane. Son chagrin le rendait hagard.

Des bouteilles d'alcool se trouvaient sur un guéridon. Lecouvreur en saisit une et la déboucha.

Il but une rasade au goulot.

Cela ne suffit pas à l'apaiser.

Lomer l'empêcha de s'enivrer.

– Faites pas le con, Gabriel.

– Je suis un homme libre, rétorqua le Poulpe.

– Raison de plus pour garder votre lucidité.

Il l'entraîna dehors et attendit que Carole les rejoigne pour leur exposer sa proposition.

– Vous ne pensez pas que le moment est venu de nous faire quelques petites confidences ?

– Ma connaissance des hommes m'empêche d'avoir confiance en un type comme vous, déclara l'Africaine.

Le chauve lui jeta un regard peiné.

– Sans moi, vous n'auriez pas été bien loin. À Gand et à Amsterdam, on vous aurait coffrée. Tenez ça en compte. Et il reste quatre filles à essayer de sauver. Francesca, Sonia, Cathy et Laure. Puisque vous avez dit à Martez que Viviane était la Duchesse. Il nous l'a répété.

– Vos services connaissent donc leurs noms, dit Lecouvreur.

– Leurs noms, oui, mais pas l'endroit où elles se trouvent. Et ceux qui les cherchent ne vont pas les épargner. Ils veulent la liste des clients du réseau.

– Vous croyez ça ? ricana Gabriel.

– Bien sûr, affirma Lomer.

– Menteur ! marmonna Carole. C'est la peau de ces pauvres filles qu'ils veulent. Et vous le savez très bien. Pour qu'elles ne puissent pas témoigner contre ceux qui bénéficiaient de leurs talents…

L'homme des services spéciaux soupira d'un air las.

– Ne nous chamaillons pas pour de tels détails. Le problème est de tout faire pour les coincer. Ils n'ont plus eu besoin de vous pour avoir Chantal et Viviane. Ce qui signifie que votre rôle d'appât est fini. Sauf s'ils ignorent où sont les filles encore en vie.

– Pas faux, reconnut le Poulpe. À Gand, c'est en nous suivant qu'ils ont pu descendre Céline.

– Je ne vous le fais pas dire, conclut le chauve.

– Vous avez une idée de qui sont ces ordures ?

– La mafia de l'Est. Mais il n'y a pas preuves suffisantes pour agir contre eux. Alors, on fait équipe ?

L'Africaine lui fit signe d'attendre.

– Il faut que j'en parle à Kriss.

– Pas de problème, admit Lomer. Je vous conduis à Puteaux.

– Vous êtes vraiment bien renseigné, râla Gabriel.

Leur interlocuteur rentra dans la maison et en revint avec Dupart.

Ils grimpèrent tous les quatre dans la voiture de fonction.

Lorsqu'ils parvinrent à la clinique de Biette, le jour se levait déjà.

La Noire dicta ses conditions.

– Vous nous attendez ici.

Lomer ne protesta pas et les laissa pénétrer dans la clinique privée.

– Je n'ai pas confiance dans ce bonhomme, dit Carole en entrant dans l'ascenseur.

– Le commissaire Dupart est de ton avis, précisa Lecouvreur.

– C'est peut-être une ruse de sa part.

– Ce flic m'a l'air sincère.

Ils investirent la chambre de Krissawiecz.

Le reporter ne dormait pas.

Biette se trouvait à son chevet.

– Ne le fatiguez surtout pas, conseilla-t-il. Notre ami est encore très faible.

– C'est une urgence, déclara le Poulpe.

Le professeur sentit que sa présence n'était pas souhaitée.

– Essayez de faire vite.

Il s'en alla et la Noire résuma tout à Walerian.

– L'alliance avec Lomer est inévitable, déclara Kriss. C'est une course de vitesse avec la mafia de l'Est. Une grosse opération policière serait vouée à l'échec. Ces types ne rigolent pas et sont organisés à la perfection. Vous avez bien plus de chance de pouvoir sauver les quatre dernières survivantes en continuant à jouer les francs-tireurs avec cette crapule des services spéciaux. Cependant, il est préférable de lui donner vos informations au compte-gouttes. Même si ça met les filles en danger.

– Je pense comme toi, dit Gabriel. Ce type doit jouer double jeu.

– Et la Lucky Blue Pictures ? demanda Carole.

Walerian reprit son souffle et parla d'une voix plus faible.

– C'est Clément Aucasse qui la dirige pour un groupe européen. Je l'ai connu à ses débuts, en 1975. Il voulait réaliser des films d'auteur et n'y parvenait pas. Quand le porno a été légalisé, des producteurs lui ont proposé d'écrire des scénarios. À l'époque, le X n'était pas encore un ghetto. Il a donc accepté en espérant pouvoir gagner ainsi du fric pour s'autofinancer une adaptation d'un roman de Jean Amila. Puis ce fut un engrenage. Clément a fini par mettre en scène des trucs de cul pour la distribution en vidéo, puis il a monté sa maison de production. Comme il avait le sens du cinéma, chaque film coûtait cher. La faillite était très proche quand une société lui a racheté sa boîte et l'a engagé pour en gérer une filiale : la Lucky Blue Pictures. Il la dirige de Paris, mais voyage beaucoup pour les castings et les tournages.

Lecouvreur avait tout enregistré.

– Où il est, ton Aucasse ? demanda-t-il.

– Boulevard Raspail. Note son adresse.

Carole s'exécuta et ils prirent congé de lui.

Dans le couloir, le Poulpe contenait mal sa colère.

– J'aimerais en savoir davantage sur ce Lomer…

Sa compagne soupira.

– Moi aussi. Mais nous n'avons pas le temps.

Elle entra dans le bureau du docteur Biette, décrocha le téléphone et composa le numéro de Clément Aucasse.

Le producteur répondit au bout de plusieurs sonneries.

– Désolé de vous réveiller, s'excusa l'Africaine. Une chance que vous soyez à Paris. Je suis une amie de Krissawiecz. Oui. Walerian. Il faut que joigne immédiatement Eva Suck. Elle est en tournage de nuit… Où ?…. Merci.

– Alors ? s'enquit Gabriel.

– Pour une fois, on a de la chance.

Elle l'entraîna hors de la clinique, monta dans la voiture de Lomer et s'adressa au commissaire Dupart.

– On fonce au Trocadéro.

L'homme des services spéciaux lui fit signe d'obéir.

En chemin, il jeta un regard égrillard à Carole.

– Je suis vraiment ravi de la compagnie d'une aussi jolie fille. En d'autres circonstances, nous aurions pu parler de vos conditions pour une rencontre torride. Malgré mes fonctions, je n'ai rien contre les femmes vénales.

– Je ne suis pas pour vous.

– Vos tarifs seraient les miens.

– J'ai toujours choisi mes clients. Vous n'avez pas le profil.

– Dommage…

Il se tut jusqu'à ce qu'ils arrivent à destination.

Des gens sortaient d'un immeuble. Un homme portait une caméra vidéo à la main. Trois filles se saluaient sur le trottoir.

Le Poulpe reconnut Eva Suck parmi elles.

– La voilà, dit-il en descendant de voiture.

L'actrice pornographique le regarda venir dans sa direction.

– N'ayez pas peur, lui dit Gabriel. C'est Aucasse qui nous a prévenus que vous étiez ici.

Elle le toisa d'un air supérieur.

– Désolée, mon coco. Aucune envie de parler affaires maintenant. Je suis morte de fatigue.

– Si vous ne voulez pas être morte tout court, vous feriez mieux de m'écouter, rétorqua Lecouvreur. Parce que vos copines Christelle, Céline, Chantal et la Duchesse ont été tuées.

La fille pâlit.

– Quand ?

– Vous ne lisez donc pas les journaux ?

– Si vous croyez que j'ai le temps avec mon travail !

Carole descendit à son tour de la voiture et les rejoignit.

– Vaut mieux ne pas rester ainsi à découvert, ma petite. On vous emmène en lieu sûr.

– Mais qui êtes-vous ? s'affola Eva.

– Des amis.

Une moto déboula soudain d'une rue adjacente et son conducteur tira une rafale de pistolet-mitrailleur sur le groupe.

Gabriel plongea sur le sol et entraîna Carole dans sa chute.

L'homme fit feu à nouveau, abattit Eva et redémarra, mais Lomer avait bondi du véhicule et tirait dans les pneus de la cylindrée qui dérapa et heurta un panneau publicitaire. Son passager fut projeté sur le pavé, mais conserva son sang-froid et se releva en tirant sur le chauve.

Le Poulpe fonça en courant sur le motard. D'un coup de pied, il le désarma, puis lui envoya un direct dans l'estomac et un autre en pleine poitrine. Dupart vint lui porter renfort. Ensemble, ils maîtrisèrent l'assassin et lui ôtèrent son casque. Lecouvreur reconnut le chauffeur du break orange de Gand.

Carole examina l'actrice de films porno et poussa un cri de rage.

– Morte.

Lomer vit que l'homme à la caméra et une autre fille du groupe étaient également touchés, mais, sans s'en préoccuper, il ouvrit le sac d'Eva et trouva ses papiers.

– Son vrai nom était Francesca Molinier.

L'Africaine vit alors du sang sur la manteau du chauve.

– Vous êtes blessé, lui dit-elle.

– Un peu, reconnut l'homme des services spéciaux.

À cet instant, un autre motard arriva en trombe, ralentit à leur hauteur et tira sur le tueur.

Dupart et Gabriel furent éclaboussés de cervelle.

Les autres virent le deux-roues disparaître en direction de la Seine.

– Ces types sont bien organisés, dit calmement Lomer.

Et il s'évanouit.

24

Bertrand traversait la Suisse au volant de sa voiture.

Il ressentait le besoin de dormir et décida de faire halte à Mürren afin de prendre du repos avant d'affronter Vajiensko.

Quelques heures lui suffiraient.

Pourtant, quand il se retrouva dans la chambre d'un petit hôtel, la fébrilité l'empêcha de trouver le sommeil. L'image de sa fille canardée dans la vitrine de Gand l'obsédait. Sa douleur était insupportable. Il se fit donc couler un bain froid, s'y plongea et recommença à réfléchir. Les types de la mafia de l'Est devaient déjà être au courant du massacre sanglant du *Croque-Monsieur* et peut-être même de la mort de Valery. Alors, ils se méfiaient certainement. Les surprendre ne serait pas facile.

Agir seul paraissait suicidaire. Pourtant, l'obèse écoutait son instinct qui le poussait à ne demander l'aide de quiconque. Il se sécha en échafaudant un plan d'attaque, mais suspendit soudain ses calculs en pensant à son petit-fils et songea que le député Marcel Kreymer ne reconnaîtrait jamais l'enfant.

Il réalisait que si l'affrontement avec Alexander Vajiensko se soldait par sa propre mort, le gosse n'aurait plus personne pour payer sa pension et veiller sur lui.

Cette perspective altéra son appétit de vengeance et régler ce point lui parut de première urgence.

Il n'avait confiance que dans Boris. Son vieux complice ne refuserait pas de s'occuper d'Alain.

Après s'être rhabillé, l'obèse téléphona à son copain et lui donna ses instructions au sujet du gamin.

– Maximilien m'a demandé que tu le tiennes au courant, dit ensuite le vieux gangster. Mais je pense que tu n'en as aucune envie ?

– C'est mon combat, répondit Bobo.

– Mais on sait très bien à qui tu t'attaques. Les clients du *Croque-Monsieur* t'ont décrit avec précision.

Bertrand soupira.

– Faut pas que tu dises qu'on s'est parlés.

– L'écran de mon téléphone indique que tu me joins de Suisse.

– Oublie ce détail.

– Et Valery ? Il est avec toi ?

– Ce fumier est mort. Sois gentil, Boris. Au cas où je suis abattu, tu prends soin de mon petit-fils. Salut.

Il raccrocha, glissa les deux automatiques dans sa ceinture, alla payer sa note, monta dans la Volvo et roula vers Locarno.

25

La blessure de Lomer n'était pas trop grave. Il avait eu de la chance. La balle avait traversé le bas de l'épaule sans abîmer un muscle.

Une fois soigné, l'homme des services spéciaux ne voulut pas rester à l'hôpital et prévint ses supérieurs qu'il continuait sa mission.

Dupart ne savait plus quoi penser du chauve et il se reprochait de l'avoir soupçonné d'un double jeu. Carole ne disait rien. Quand au Poulpe, il en avait assez de ce carnage et buvait du vin blanc en bougonnant.

– De la clinique de Puteaux au Trocadéro, personne ne nous a suivis et Lomer ignorait où nous allions. Le seul à savoir que nous cherchions Eva, c'est Aucasse.

– Mes hommes l'ont mis en garde à vue, dit le commissaire. Lomer m'a demandé de l'attendre pour son interrogatoire.

– Mais chaque seconde de retard représente un risque pour les trois filles qui restent ! s'énerva Lecouvreur.

– Si vous connaissez l'endroit où elles sont, dites-le-moi pour que je les fasse protéger.

Carole sortit de son mutisme.

– Pas question.

– Vous êtes chiante ! gueula Frédéric.

– Je suis prudente, opposa l'Africaine. Tous les meurtres ont été liés à notre recherche. Chaque information que je pourrais lâcher est à double tranchant et je continue à penser que les services spéciaux ne sont pas complètement innocents dans ce massacre.

Le chauve entra dans le bureau du commissaire.

– Toujours la paranoïa du complot, madame Carole ?

Il avait le bras gauche en écharpe et fumait un cigare. Son sourire ironique irrita Gabriel.

– Même les paranoïaques ont des vrais ennemis, dit-il.

Lomer saisit la bouteille de vin blanc de sa main valide et la fracassa contre le mur.

– Vous buvez trop, Lecouvreur.

Ils se turent pendant quelques instants.

Dupart brisa le silence.

– J'ai réussi à faire croire à la presse que la fusillade du Trocadéro était un règlement de comptes dans le milieu des truands qui rackettent la pornographie.

– Cela va plaire à notre gouvernement, ricana Lomer. Ainsi qu'au CSA et aux ligues en mal d'ordre moral. Mais personne ne modifiera quoi que ce soit à la juridiction sur les films X. Ce commerce rapporte trop d'argent à l'État.

Il s'affala sur une chaise.

– Amenez-moi Aucasse.

Frédéric donna des ordres et le gérant de Lucky Blue Pictures entra dans la pièce.

Il était mince et grand, vêtu d'un coûteux complet vert et portant des bagues aux doigts.

– Connaissiez-vous la véritable identité d'Eva Suck ? demanda tout de suite l'homme des services spéciaux.

– Forcément, répondit le suspect. C'est moi qui signe tous les contrats.

– Pourquoi avez-vous indiqué à Carole où elle se trouvait ?

– Elle appelait de la part de Krissawiecz. C'était suffisant.

– Et vous avez passé d'autres coups de fil après le sien ?

– Le réalisateur du film m'a joint pour me dire que son équipe avait fini le tournage. Je lui ai indiqué que des amis de Krissawiecz voulaient parler à Eva et qu'il la prévienne.

Lecouvreur soupira d'amertume.

– Vu sa surprise en me voyant, il n'a pas fait la commission.

– Et il n'était pas là quand on est arrivés, ajouta Dupart.

– Comment s'appelle ce metteur en scène ? demanda le chauve.

– Jim Fuckman, dit le producteur. Mais c'est un pseudonyme. Il se nomme Paul Verfeau et habite rue de Saintonge.

Le commissaire échangea un bref regard avec Lomer et donna des ordres pour qu'on ailler chercher le réalisateur chez lui.

Aucasse retrouvait son calme.

– Précisez-moi si je dois faire venir mon avocat, dit-il.

L'homme des services spéciaux lui souffla la fumée de son cigare dans le visage.

– Ce n'est pas encore nécessaire. J'ai lu votre dossier, mon vieux. Vous gagnez plein de fric et votre goût pour le luxe a remplacé votre idéal de faire des films d'auteur. Alors, pour compenser cette vocation perdue, une boulimie de collections vous anime. Bandes dessinées d'avant-guerre. Soldats de plomb. Petites voitures Dinky Toys. Figurines de Mickey. Un retour au joyeux paradis de l'enfance... Vous avez une seule maîtresse. La même depuis dix ans. Un ancien top model reconverti dans le courtage de tableaux d'art. Une galerie à Montparnasse. Je doute que vous ayez du sang sur les mains. Mais on ne sait jamais...

Gabriel marcha vers la porte et l'ouvrit.

– Je vais prendre l'air, dit-il.

Personne ne l'en empêcha.

Dehors, les gens semblaient normaux. Le Poulpe les envia. Ils ne voyaient des cadavres que dans les films ou aux journaux télévisés; sauf quand un de leurs parents cassait sa pipe ou qu'un salaud de chauffard fauchait un passant devant eux. Leur existence était plus tranquille qu'ils ne le croyaient. Le sexe, l'alcool, le tabac, un petit peu de mythomanie et beaucoup d'hypocrisie les aidaient à supporter l'ennui d'une vie sans remous. Hors le cancer et l'accident cardiaque, ils ne craignaient que l'attentat imbécile et aveugle. Signe des temps.

Gabriel n'avait jamais pu être comme eux. Il se jetait toujours la tête la première dans des affaires glauques. Pour exister autrement.

Accoudé au comptoir d'un café, il avala plusieurs chablis en tentant de dénouer les fils de ces derniers meurtres. La liste des politiciens amateurs de prostituées ne lui sembla plus être la cause de ce carnage. Elle était en possession de Paul Persan. Dans le coffre-fort de son journal. Ce qui représentait une pression suffisante pour gêner les membres du gouvernement et les empêcher de s'en prendre aux filles.

Les liens entre la police et le milieu de la prostitution prêtaient à croire que les tapineuses connaissaient cette situation.

Les contrats d'assassinat ne pouvaient donc venir que de cette mafia de l'Est. Pour récupérer une copie de la liste et menacer tous ceux qui y figuraient. Beaucoup de sang à cause d'un bout de papier.

Il négligea le vin blanc pour un whisky et pensa au corps de Carole. Son désir pour l'Africaine ne cessait d'augmenter. Elle le fascinait.

Dupart le rejoignit au bar.

– On a retrouvé Paul Verfeau avec deux balles dans la tête, dit-il à voix basse. Nous retenons donc

Aucasse en garde à vue. Si vous n'êtes pas trop bourré, venez avec moi. Nous emmenons votre copine à Bordeaux.

Le Poulpe s'offrit un autre scotch avant de suivre Frédéric.

26

Maximilien de Prospero trempa ses jolies mains dans l'eau tiède et compta jusqu'à mille. Une sensation de bien-être calma ses nerfs à vif. Il recommença même à sourire. Pourtant, les dernières nouvelles ne le rassuraient pas. La tuerie du *Croque-Monsieur* et le meurtre d'un proxénète du secteur du périphérique lui faisaient craindre qu'éclate la guerre entre les divers gangs qui se partageaient les faubourgs de la capitale.

Des clients avaient identifié Bertrand au café.

Cela indiquait que l'albinos avait pris la mafia de l'Est pour cible.

Nul doute que la police n'allait pas tarder à retrouver le cadavre de Valery quelque part dans la nature, mais sa mort n'arrêterait peut-être pas Bobo.

C'était mauvais pour les affaires. La presse s'en donnait à cœur joie et sommait le gouvernement de remettre de l'ordre dans la ville. De son côté, Boris affirmait ne pas savoir où se trouvait l'obèse. Des menaces de représailles provenaient de divers camps. Une rumeur se répandait selon laquelle des tueurs bulgares et des hommes transfuges des triades de Hong Kong étaient attendus sur l'Hexagone.

Un grand désordre s'annonçait. Les alliances se formaient contre nature. Ses indicateurs le tenaient en permanence au courant de l'évolution de la situation.

Les longs conflits l'ennuyaient. Chacun y perdait son énergie et ça coûtait beaucoup d'argent. Cependant, il avait l'art de bien tirer les marrons du feu et cherchait la manière de tourner les choses à son avantage. Même pendant les pires crises, sa chance ne l'avait jamais quitté. Expert en chantage, protégé par des personnages influents et habile à culpabiliser quiconque pour s'innocenter, il réfléchissait au meilleur moyen de tirer les ficelles de ce satané jeu de dupes.

Mentir et trahir ne lui donnait pas d'état d'âmes.

Il l'avait déjà prouvé.

Arrêter Bertrand dans sa hargne vengeresse ne lui paraissait pas opportun. L'albinos faisait le ménage et le débarrassait de ses plus dangereux concurrents. Tant mieux.

Le sort des call-girls appartenant au réseau berlinois de Christelle le touchait davantage.

Ses accointances dans la police lui permettaient de savoir que Persan de *Paris-Monde* possédait la liste de leurs clients célèbres. Ce détail le laissait perplexe. Il était convaincu que le directeur du quotidien ne la publierait pas. L'idée d'en envoyer une copie à un journaliste moins scrupuleux le tentait. Mais pas tout de suite. Un tel geste arrêterait la machine et provoquerait une crise gouvernementale.

C'était encore trop tôt pour servir ses plans.

L'essentiel était de ne pas s'exposer inutilement et d'attendre la fin des massacres pour exercer lui-même la mise à mort de ses associés compromis et se débarrasser des politiciens qui pouvaient freiner ses ambitions.

Ravi de son raisonnement, il s'essuya méticuleusement les mains, remit ses gants de cuir, appela son secrétaire et lui demanda de fleurir la pièce avec des gardénias.

27

L'hélicoptère se posa sur l'aéroport de Bordeaux.

Le vol n'avait pas dégrisé Gabriel.

Il affichait un sourire béat en interpellant Lomer.

– Vous possédez un sacré pouvoir, mon vieux. Hélico officiel sur un simple coup de fil… Quelle impression ça fait de tout se permettre aux frais de l'état ?

L'homme des services spéciaux ne daigna pas lui répondre et se tourna vers Carole.

– Prochaine étape ?

Elle descendit de l'appareil en silence.

– Une voiture nous attend, dit Dupart en désignant une Mercedes.

– C'est moi qui vais conduire, déclara l'Africaine. Et pas de coups de fil, monsieur Lomer.

Le chauve acquiesça d'un petit mouvement de tête.

Ils montèrent dans l'automobile.

– Je boirais bien une petite bière, articula le Poulpe d'une voix pâteuse. Pas vous ?

Tous l'ignorèrent.

Il s'installa sur le siège arrière.

– Je peux au moins connaître le nom de celle que nous allons bientôt voir morte ou vivante ? interrogea le chauve en bouclant sa ceinture de sécurité.

– Laure, lâcha Carole.

– Laure Baralaud, récita Lomer. Née le 23 mars 1970 à Nantes. Pas eu beaucoup de veine pendant son enfance. Parents morts dans un carambolage sur l'autoroute. Confiée à une famille d'accueil. Scolarité pourtant excellente. Une bourse pour étudier les lettres. Très douée pour les arts. À dix-huit ans, elle écrit même des articles dans une feuille étudiante : *La Matière du bleu chez Paul Klee* ; *De la brisure des lignes comme effets de relief pour les derniers cubistes* ; *Formes et chairs chez Renoir et Manet*… Mais elle ne se décide pourtant pas à peindre. L'angoisse de ne pas être assez bonne pour jouer dans la cour que ceux qu'elle admire tant et qui…

Lecouvreur l'interrompit.

– Vous connaissez le curriculum vitæ de toutes les filles du réseau de Christelle ?

– Oui, monsieur le Poulpe. Du moins, jusqu'à la fin de leur travail à Berlin. Ainsi, cette Laure tombe enceinte des œuvres d'un petit imbécile qui la laisse aussitôt tomber. Elle perd l'enfant au moment de l'accouchement et en conserve une haine profonde pour les hommes ; ce qui la pousse à en faire ses objets de plaisir sadique. Elle commence à draguer les masos sur Minitel, se fait dénoncer par les professionnelles qui n'apprécient pas de se faire ainsi souffler leurs clients. Un flic des Mœurs la convoque et elle lui donne les noms de ses habitués. Des notables pour la plupart. L'affaire est rapidement classée, mais on lui conseille de quitter la région. Quelques mois plus tard, Laure entre dans l'organisation de Christelle.

– Et ensuite ? demanda Gabriel.

– Évanouie dans la nature.

La Mercedes entra dans Bordeaux.

– Personne ne nous suit ? s'inquiéta Carole.

– Personne, affirma Dupart.

Elle gara la voiture au coin de la rue des Faussets.

– Je vais y aller seule.

– Non, dit l'homme des services spéciaux. Maintenant, on ne se quitte plus.

Ils descendirent de l'automobile et avancèrent jusque devant la maison de Laure.

Des gosses jouaient sur trottoir.

Gabriel approcha d'eux.

– Vous connaissez une jolie dame qui s appelle Laure ?

Un gamin lui tira la langue et s'enfuit en courant.

– T'as perdu vingt euros, lui cria le Poulpe.

L'enfant s'arrêta et revint sur ses pas.

– Elle n'est plus là. Partie la semaine dernière. Ma mère m'a dit qu'elle avait l'air embêtée.

– Où elle est ta mère ?

– Au café du coin.

– Conduis-nous.

Ils pénétrèrent dans le troquet avec le gamin.

– Maman ! cria le môme. Le mec aux longs bras, il veut te demander des choses à propos de mademoiselle Laure.

Une femme grassouillette aux joues marquées de couperose cessa sa conversation avec le barman et regarda le groupe avec méfiance.

– Je n'ai rien à dire.

Lecouvreur eut un sourire désarmant.

– Vous n'allez pas me laisser boire seul…

Il commanda un chablis et fit renouveler le verre de rouge de celle qui l'observait.

Carole demanda un cognac.

Lomer et Dupart prirent une eau minérale.

– Votre copain chauve s'est cassé le bras ? demanda la mère du mioche en désignant Lomer.

– Oui, dit le Poulpe. Mais ça ne lui pose pas de problème. C'est un intellectuel.

Il donna vingt euros au gamin et garda un billet de cent dans la main.

– On voudrait joindre Laure. C'est pour un film sur Auguste Renoir.

– Qui c'est ?

– Un peintre.

La femme se détendit.

– Je ne suis pas étonnée. Son appartement est rempli de bouquins d'art. Elle les y a tous laissés. Comme le loyer est payé jusqu'en avril, ils sont toujours au deuxième étage. Une vraie librairie !

Gabriel échangea un bref regard avec Carole et vida vite son verre.

– Remettez-nous ça, patron.

Lomer fit signe à l'Africaine de sortir avec lui.

– C'est une jolie rue ici, pérora le Poulpe en faisant les yeux doux à son interlocutrice. Pas trop d'immeubles modernes. Des gens simples et sympathiques. De jolies personnes pas farouches. Pulpeuses...

Dehors, le chauve suivait Carole dans la maison.

Ils montèrent au second étage et trouvèrent une porte sur laquelle on avait tracé un « L » à la craie rouge.

– C'est pas une serrure compliquée, chuchota l'homme des services spéciaux en sortant un trousseau de clefs de sa poche.

Il en essaya plusieurs avant de trouver celle qui convenait.

L'appartement était tapissé de reproductions de tableaux, de livres et de photographies. Parmi elles, Carole reconnut un tirage de celle que Lecouvreur avait trouvée sous la couverture du journal intime de Céline.

Un autre cliché représentait Matisse en train de peindre.

Ils se dépêchèrent de fouiller les pièces.

L'Africaine trouva une carte d'entrée permanente à la bibliothèque et la montra au chauve.

– C'est Laure sur le photomaton.

Un visage de brune aux yeux noirs.

Lomer chercha sur le portrait de groupe et désigna une des femmes qui posaient avec les autres call-girls.

– La voilà.

En bas, le Poulpe buvait toujours avec la concierge, sans chercher à lutter contre l'ivresse. Dupart n'intervenait pas, mais enregistrait tout ce que le couple disait. La locataire qu'ils cherchaient était partie avec une petite valise sans demander à ce qu'on lui fasse suivre son courrier.

Il était d'ailleurs arrivé quelques lettres pour elle.

Carole et Lomer revinrent dans le café. Frédéric en profita pour s'éclipser. Il repéra la loge, poussa la porte qui n'était pas fermée, se dirigea vers l'étagère où les lettres étaient posées, en trouva cinq adressées à Laure, les glissa dans sa poche et revint dans le troquet.

Gabriel semblait avoir oublié leur mission.

Il vidait des verres et vantait la qualité des vins de la région. Son interlocutrice ne valait pas mieux. Elle lui faisait des propositions grivoises en expliquant que son mari ne rentrerait pas avant vingt heures et que son môme était très discret, à condition de lui filer de quoi aller au cinéma.

L'Africaine brisa net leurs projets de galipettes.

– Faut qu'on parte.

Lecouvreur voulut protester.

– Tu vois pas que je flirte avec madame ?

Elle l'empoigna par le cou et le sortit de l'établissement.

De retour dans la voiture, le Poulpe pleurnichait.

– On peut jamais s'amuser avec vous.

Dupart l'attrapa par les cheveux.

– Tu arrêtes de gigoter ou je te mets les menottes !

Gabriel voulut le cogner.

Frédéric l'assomma d'une droite et s'adressa à Carole :

– Vous avez trouvé quelque chose chez elle ?

– Rien qui nous aide pour la retrouver.

Le commissaire sortit les lettres prises dans la loge.

– Moi, j'ai ça.

Lomer voulut s'emparer des missives.

L'Africaine les lui prit des mains.

– On les lira à l'aéroport, dit-elle en démarrant.

– Je vais téléphoner au pilote de l'hélico, déclara le chauve.

– Pas de coups de fil, rappela Carole.

– Même pour lancer un avis de recherche ? Nous avons une photo de Laure.

– Qui peut servir pour identifier la cible, murmura Dupart.

L'homme des services spéciaux regarda le commissaire.

– Vous aussi ? Aucune confiance en moi ?

Dupart soutint son regard et poussa un cri de colère.

Lecouvreur venait de vomir sur lui.

28

Bertrand abandonna la voiture près de la gare et entra dans un café où des prostituées originaires de Saint-Domingue discutaient entre elles. Il commanda un gin pour se calmer les nerfs, parcourut la salle de son regard fragile et repéra immédiatement les voyous qui buvaient en parlant à voix basse. Aucun d'eux ne semblait avoir l'envergure d'appartenir à la garde rapprochée de Vajiensko.

Le soir tombait sur Locarno. L'obèse connaissait la ville. Une des petites merveilles du Tessin. Avec le lac Majeur. Sa superbe Piazza Grande. Son festival de cinéma annuel. Ses palaces.

Le *Grand Hôtel* était un lieu magnifique où les puissances alliées avaient signé autrefois un traité capital. Il possédait deux entrées. Une accessible par des escaliers ou l'ascenseur au bout d'un parc. L'autre en hauteur. Au niveau de la rue.

Un grand hall avec un lustre géant jouxtait le bar.

À chaque étage, les chambres étaient disposées en cercle autour de l'immense salle où trônait le concierge.

L'albinos savait qu'il lui était impossible d'agir à la hussarde.

Lors de son raid au *Croque-Monsieur*, l'effet de surprise suffisait à jouer gagnant.

Ici, une pareille méthode ne fonctionnerait pas.

Alexander avait la réputation de s'entourer de toutes les protections et de ne jamais prendre de risques.

Plusieurs tueurs veillaient sur sa sécurité.

Ceux qui s'en étaient pris à lui l'avaient payé de leur vie.

Il était conscient que son physique ne passait pas inaperçu. Ce handicap l'obligeait à échafauder un plan qui nécessitait de l'aide et de la patience.

Après avoir payé son verre, l'obèse retourna à sa voiture et roula jusqu'à un hôtel en bordure du lac.

Il y loua une chambre, prévint qu'il prendrait ses repas sur place et monta s'allonger un moment.

Différentes stratégies lui venaient à l'esprit, mais aucune ne le satisfaisait ; sauf la plus téméraire. Il s'y résigna et appela Boris pour la lui exposer. Son ami voulut d'abord l'en dissuader.

– Tu ne crois pas être trop vieux pour jouer les kamikazes ?

– C'est ma vie. Je peux compter sur toi ? Tu as quelqu'un ?

– Maximilien ne sera pas d'accord pour te laisser faire…

– Laisse-le en dehors de ça. Ne lui dis pas où je suis.

– C'est bon. Tu as gagné.

Bobo raccrocha le combiné, prit une douche et ressortit.

La gare n'était pas loin. Les filles traînaient toujours dans le café. Il fit signe à l'une d'elles.

– Combien tu prends ? lui demanda Bertrand en italien.

– Deux cents francs suisses.

– Alors, on y va.

Elle l'emmena dans une petite rue en impasse où d'autres prostituées se massaient devant une maison. Ils y entrèrent et s'installèrent dans une chambre décorée d'icônes religieuses. C'était propre.

L'obèse paya sa compagne.

– C'est quoi ton nom ?

– Marina, répondit la fille en se déshabillant.

Bertrand n'avait aucune envie de sexe, mais une partie de son plan le forçait à faire l'amour avec elle. Il se laissa mettre un préservatif, ferma les yeux et se concentra pour obtenir une érection convenable. Sa partenaire se montra experte. L'obésité de son client ne la gênait pas. Ils restèrent une heure ensemble.

L'albinos lui donna encore trois cents francs suisses avant de la quitter.

– Tu commences le travail à quelle heure ? lui demanda-t-il.

– Neuf heures le matin. Jusqu'à minuit. Ici, dans la rue. Ou au café.

Ils se séparèrent dans la chambre.

Bobo regagna son hôtel, dîna dans la salle de restaurant, puis alla se coucher.

29

La lecture des lettres adressées à Laure n'avait pas été inutile. Deux d'entre elles contenaient un chèque. Elles lui avaient été envoyées par la Duchesse et Cathy. Cette dernière avait écrit de Rome. Les autres missives exprimaient un refus plus ou moins ferme à une demande d'argent. Si Céline s'excusait de ne rien pouvoir faire pour le moment, Francesca exigeait de ne plus être importunée par sa correspondante et n'avait pas noté son adresse au dos de l'enveloppe. Enfin, Chantal proposait à Laure de venir travailler aux *1001 Nuits* et assurait que sa patronne lui avancerait le billet de train pour Amsterdam.

L'hélicoptère volait déjà vers l'Italie.

Affalé sur son siège, Gabriel dormait malgré le vacarme des pales. L'homme des services spéciaux le regardait avec amusement. Carole sommeillait, la tête appuyée sur l'épaule de Dupart.

La traversée des Alpes correspondit à la fin du jour. Le pilote avait l'appareil bien en mains. Il gardait la liaison radio avec les autorités frontalières et comptait se poser à Parme pour se réapprovisionner en carburant. Les raisons de sa mission l'indifféraient. Mais la beauté de l'Africaine ne le laissait pas insensible.

Lomer restait impassible et se récitait intérieurement le parcours de Cathy. Née Catherine Jubave, à Dunkerque, le 12 septembre 1965. Des parents charcutiers. Elle quitte sa famille à dix-huit ans pour aller à Londres en espérant y devenir chanteuse et se retrouve dans un peep-show de Soho, où une fille lui conseilla bientôt de partir à Berlin, s'offre alors un billet d'avion et travaille dans un établissement près du Zoo Palaast. Au moment de la chute du mur, elle se prostitue sans abandonner ses exhibitions sur la piste, mais une histoire de trafic de drogue douce menace de la faire expulser du pays.

Un client régulier use de son influence pour lui éviter l'exil et la présente à Christelle qui l'intègre dans son réseau. Elle en devient une des chevilles ouvrières. Jusqu'à la chute de leurs protections.

Contrairement aux autres filles, Cathy reste d'abord à Berlin pour y continuer ses activités, tentant même de former une nouvelle agence de call-girls mais la mafia de l'Est lui fait des ennuis.

Elle disparaît de la circulation.

L'homme de services spéciaux pensa ensuite à Sonia, la seule fille qui n'avait pas répondu à la demande d'argent de Laure.

Sa fiche était très incomplète. L'enquête n'avait pas permis de connaître ni sa date ni son lieu de naissance. Orpheline, son enfance s'était déroulée dans un institut religieux, dans les environs de Toulouse, où la mère supérieure la destinait à entrer dans les ordres. À seize ans, elle s'en était échappée pour monter à Paris où, mentant sur son âge, elle s'était fait engager comme serveuse dans un bar de Montmartre. Raflée lors d'une fusillade sur les lieux, elle avait raconté son histoire à la police et avait été mise en tutelle chez une veuve de commissaire, obtenant des papiers au nom de Sonia Dupont ; là, elle s'était tenue tranquille jusqu'à sa majorité.

En 1985, les Mœurs l'arrêtent pour proxénétisme aggravé dans le bar dont elle est gérante à Versailles. Amende et un sursis très généreux. La leçon ne suffit pas. Six mois plus tard, Sonia récidive à Marseille et purge alors deux ans de prison.

Aucun indice sur ses occupations après sa libération. Dossier vide jusqu'en 1995 où elle réapparaît comme call-girl dans le réseau de Berlin. Depuis 2000, impossible de la situer.

Ces fiches dataient de plus de trois ans. Sans l'assassinat de Christelle, elles seraient encore enfouies dans un classeur du service. Lomer les avait récupérées sur ordre de sa hiérarchie.

Il demanda au pilote si Parme était proche.

– Dix minutes, s'entendit-il répondre.

Carole se réveilla pendant l'atterrissage.

– Rome ?

– Non, dit Dupart. Parme.

Elle secoua Gabriel qui ouvrit les yeux.

L'escale fut de courte durée. Chacun se taisait. Lecouvreur avait mal au crâne et l'envie de boire le tenaillait.

Dupart l'empêcha de se rendre au bar de l'aéroport.

– Vous n'avez donc aucune volonté ? lui dit-il. C'est en vous saoulant la gueule que vous avez résolu tant d'enquêtes ? Le Poulpe ! Un héros de l'anarchie devenu un cornichon dans un bocal de pinard et de scotch !

– C'est peut-être parce que j'en ai marre de nettoyer les caniveaux malades de la peste Marre de servir d'exemple Marre de faire le sale boulot que les flics comme vous ne font pas. Je suis fatigué, vous comprenez ? Crevé de remuer la merde aux quatre coins de la planète. Et puis, la légende dissimule toutes mes erreurs, mes conneries, mes saletés… Je ne suis pas ce que l'on croit. Cheryl connaît mon vrai visage et elle m'a viré. Mes vrais potes ont perdu toute indulgence à mon égard. Vous n'avez donc pas encore pigé que je suis le dernier wagon dans cette affaire pourrie ! Carole s'en tirerait mieux sans moi. Regardez mes mains. Elles ont la tremblote. En cas de fusillade, je louperai un éléphant dans un trou de souris. Je regrette d'être ici. La seule chose que je ne regrette pas, c'est d'avoir dégueulé sur le manteau d'un sale flic comme vous.

Il voulut forcer le barrage de Dupart et reçut un coup de poing en pleine figure.

– Nous sommes sur le même bateau, déclara le commissaire en se massant les phalanges. Je n'ai pas vraiment confiance dans Lomer. Il faut qu'on accorde bien nos violons pour que la belle Carole ne se fasse pas descendre à la fin du voyage. Par accident, expliquera-t-on pour éviter que votre copain de *Paris-Monde* publie cette foutue liste.

Le pilote signala que le vol pouvait reprendre.

Ils remontèrent à bord de l'hélicoptère et rallièrent Rome.

Un accord des autorités locales leur permettait de se poser dans la ville même.

Selon la lettre envoyée à Laure, Cathy habitait derrière la Piazza Farnese et une Fiat les y déposa en quelques minutes.

L'Africaine constata qu'il s'agissait d'une maison particulière.

Elle sonna.

Une naine lui ouvrit la porte.

Sa main gauche retenait un doberman par le collier.

– Nous voudrions voir Cathy, expliqua Carole en italien.

– Vous n'êtes jamais venus ici, grogna la femme avec un fort accent des Pouilles. Qui vous recommande ?

Lecouvreur improvisa en lui faisant un clin d'œil.

– Sergio !

La gardienne des lieux hésita et les fit entrer.

– Il vous a dit les règles de la maison ?

– Pas toutes, soupira le Poulpe.

– Mille euros par personne et cinq cents euros la bouteille de champagne obligatoire. Installez-vous. Je vais chercher ces dames.

Elle lâcha le chien et disparut derrière une tenture rouge.

L'animal monta la garde devant l'escalier.

Ils préférèrent garder le silence.

Quelques minutes passèrent.

La naine revint et releva le rideau.

– Gina.

Une grande fille apparut, en haillons, sale des pieds à la tête, avec un visage atrocement défiguré.

– Claudia.

Une autre créature arriva. Brune, vêtue d'un déshabillé vaporeux et de sous-vêtements noirs, elle n'avait qu'un seul bras.

– Sofia.

Ils virent une vieille cul-de-jatte aux longs cheveux gris et à la poitrine énorme.

– Lydia.

C'était une aveugle maigre, borgne et édentée dans une robe de mariée somptueuse.

Une géante à la graisse abondante fermait la marche.

– Carla.

– Nous les prenons toutes, dit Gabriel. Apportez du champagne et demandez à la patronne si elle veut bien descendre prendre un verre.

La naine écarta le chien et monta au premier étage.

– Que lui avez-vous dit ? interrogea Dupart. Je ne parle pas un mot d'italien.

Carole traduisit.

– Il a proposé que la patronne vienne boire avec nous.

– Je n'avais encore jamais vu de bordels de monstres, dit alors Lomer. C'est vraiment très curieux.

– Faites votre choix, si ça vous tente, lui dit l'Africaine.

L'homme des services spéciaux éclata de rire.

– Si je n'étais pas en mission, ce pourrait bien être une expérience très enrichissante.

Ses traits se figèrent alors, car les filles se déshabillaient.

Le spectacle de leurs chairs et des moignons leur donna des frissons.

Dupart détourna la tête. Le chauve regarda ses pieds. Carole alluma une cigarette.

Gabriel sentit que la femme manchote l'excitait et cacha son érection sous ses mains jointes.

– Quel est ce Sergio qui vous donné mon adresse ? demanda soudain une voix rauque.

Ils levèrent les yeux en direction du premier étage et aperçurent une des femmes qui figuraient sur le portrait de groupe des call-girls de Berlin.

Lecouvreur remarqua que le doberman s'était dressé en entendant parler sa maîtresse.

Il ouvrait une gueule aux crocs menaçants.

– Je suis une amie de Christelle, répondit l'Africaine en français.

Cathy descendit lentement les marches et se planta devant la Noire.

– Vous êtes Carole ? interrogea-t-elle.

– Oui.

– Elle m'a parlé de vous. Comment m'avez-vous trouvée ?

– Votre lettre à Laure.

La femme fit signe à ses pensionnaires de se rhabiller.

Elles obéirent avec soumission et s'en allèrent, suivies de la naine et du chien.

– Je peux savoir qui sont vos trois amis ? demanda la patronne de l'établissement.

L'Africaine désigna la Poulpe.

– Lui, c'est Lecouvreur.

– Les autres ne sont pas nos amis, déclara Gabriel.

Cathy examina Lomer et Dupart.

– Un flic et un salaud de la Secrète. Ils se ressemblent dans tous les pays du monde. Laure est morte aussi ?

– Disparue. Et les autres ont été assassinées…

– Toutes ?

– Sauf vous et Sonia.

– Mais moi, je ne crains rien.

30

La crise internationale mobilisait l'équipe du journal.

Paul Persan suivait les débats du conseil de sécurité sur CNN, répondait aux coups de téléphone de ses correspondants au Moyen-Orient et se nourrissait de gâteaux arabes dont le miel lui collait aux doigts.

Sa secrétaire ne lui passait que les appels urgents.

Le responsable de la page cinéma entra dans son bureau.

– J'ai de bonnes photos d'Eva Suck, dit-il en montrant les clichés. La police a mis Aucasse en garde à vue. Jean-Pierre veut deux pages pour son papier. Il ne croit pas à un règlement de comptes dans le milieu du porno, mais on vient de retrouver le cadavre d'un des caïds de la mafia de l'Est : Valery. Assassiné. C'est peut-être lié ?

Le téléphone sonna.

Paul décrocha et prit le correspondant ; un type du ministère de l'Intérieur qui voulait s'assurer que le canard n'allait pas publier la liste des clients de Christelle.

Il écouta la mise en garde qui en suivit, précisa que les lois sur la liberté de la presse existaient encore dans le pays, raccrocha et se tourna vers son journaliste.

– Pour l'instant, je ne veux pas qu'on mette en doute la version des flics. Aucune allusion à un rapport quelconque entre le meurtre de cette crapule et la fusillade du Trocadéro. Montre-moi la bio de cette star du porno ?

Son interlocuteur lui tendit deux feuillets en ricanant.

– Elle a fait soixante films en trois ans, tous produits par Aucasse. La rumeur assure qu'Eva était putain avant d'entrer dans le X.

Paul parcourut l'article, y barra trois lignes, le rendit et regarda les photographies.

– On passe celle du festival de Cannes où elle est avec Aucasse.

Le critique s'en alla.

Persan recommença à suivre les débats sur le téléviseur.

Il avait du mal à se concentrer.

L'absence de nouvelles de Carole en était la raison. Depuis son départ, de nombreuses personnes tentaient de faire pression sur lui au sujet de la liste des politiciens qui étaient clients des pensionnaires de Mme Christelle. Les appels venaient de toutes les composantes de l'Assemblée nationale, mais aussi du groupe de prostituées luttant contre la nouvelle législation punissant le délit de racolage passif.

Conscient de se retrouver ainsi dans le collimateur du pouvoir, il adoucissait les papiers de ses collaborateurs afin de ne pas risquer une interdiction momentanée de son quotidien.

Ces précautions déplaisaient à plusieurs de ses reporters. Paul ne les avait pas habitués à édulcorer leurs textes. Ils râlaient de le voir céder à des menaces et songeaient même à le quitter.

Persan n'avait pourtant pas d'autre choix.

31

La sérénité de Cathy stupéfiait son auditoire.

– Je ne crains rien, répéta-t-elle en souriant.

Lomer fronça les sourcils.

– Mes homologues italiens ne vous protègent pourtant pas, dit-il. Ou alors, ils m'ont menti pour que je ne puisse pas vous situer.

– Non, rétorqua la tenancière de l'étrange bordel. Vos confrères ne sont pas au courant de mon passé à Berlin et, d'ailleurs, je n'aurais jamais rien traité avec eux. Ma sécurité vient d'ailleurs.

Le Poulpe retrouvait ses automatismes.

Il pensait à toute allure, se sentait en peine forme et attaqua :

– Vous connaissez donc ceux qui massacrent vos anciennes copines ?

– C'est le moindre de mes soucis, répondit la femme. Et d'abord, moi, des amies, je n'en ai jamais eues.

– Pourquoi avez-vous envoyé de l'argent à Laure si vous n'aimez personne ?

– J'ai toujours eu une faiblesse coupable et amoureuse pour cette fille. Tout le monde a ses failles. Laure en est une pour moi. Même si elle n'a jamais voulu céder à mes avances.

Gabriel perdait patience.

– Qui vous couvre ? Et pourquoi ?

La femme se cabra sous l'agressivité du ton de son interlocuteur.

– Changez vos manières si vous souhaitez que je coopère avec vous, mon petit monsieur ! Personne ne peut m'attirer d'ennuis. Je dirai ce que je veux. Sachez que depuis que vous êtes entrés ici, des hommes vous surveillent et ils peuvent tirer si je leur ordonne.

Quatre individus se montrèrent alors.

Ils étaient cachés derrière la tenture ou en haut de l'escalier. Tous tenaient une arme à la main.

L'Africaine prit le relais de Lecouvreur.

– D'accord. Vous êtes la plus forte, mais Sonia et Laure risquent de mourir si vous ne nous aidez pas.

Cathy perdit un peu de son assurance.

La Noire continua son argumentation.

– Je ne crois pas que vous ayez eu la bienveillance de négocier aussi leur sécurité. Ce ne sont que des mortes en sursis. À condition qu'elles soient encore en vie… Les auriez-vous vendues pour votre protection ?

– Certainement pas ! s'agaça l'ancienne call-girl.

– Prouvez-le-nous, exigea le Poulpe.

Elle fit signe aux gardes du corps de regagner leur cachette, puis se décida à parler.

– D'abord, je dois vous dire que Christelle avait conservé le contact avec nous sept, mais de façon très discrète. Elle était aussi la seule à connaître l'identité de tous nos clients importants. Certes, chacune de nous connaissait celle de ceux qui la louait, mais les règles voulaient que nous n'échangions jamais d'informations à ce sujet. En cas de pépins, c'était préférable. Pourtant, mes compétences de gestionnaire me valurent de devenir le bras droit de Christelle au cours des dernières années d'existence du réseau. Si bien que la liste des personnalités politiques ayant eu recours à nos services me tomba sous les yeux. J'ai une excellente mémoire. Quand notre organisation de Berlin fut dissoute, j'ai noté les noms de cette partie intéressante de la clientèle en pensant que cela pouvait m'être utile. Ce fut le cas puisque j'ai pu ouvrir cet établissement en contraignant un de nos grands amateurs de plaisirs vénaux à m'obtenir l'appui confidentiel d'un des membres de ce gouvernement. Enfin, lors d'une visite à Paris au cours du dernier été, j'ai vu Christelle et je lui ai dit que je possédais le double de sa liste de clients du réseau. Elle ne m'en a d'ailleurs pas tenue rigueur. Nous sommes restées en bons termes. Le lendemain de son assassinat, j'ai reçu un appel téléphonique de Paris qui m'informait de sa mort. Mon correspondant demandait si je possédais cette satanée liste et il proposait de me faire protéger si je la lui faxais avec les coordonnées des six autres filles du réseau. J'ai eu peur et je l'ai fait tout de suite. Sans états d'âme.

Gabriel ne la laissa pas reprendre sa respiration.

– Vous aviez les coordonnées de toutes les filles ?

– Naturellement.

– Cela les condamnait, enragea Dupart.

– Absolument pas, se rebiffa Cathy. J'ai confiance en celui qui me la demandait. Faire tuer ces filles était contre son intérêt.

Lecouvreur hésita en réfléchissant à voix haute.

– Si ce type avait les adresses des filles le lendemain du meurtre de Christelle, il ne peut pas être le responsable de l'assassinat de celle à laquelle nous avons conduit les tueurs : Céline. Mais on nous a précédé pour les autres et…

– Vous faites fausse route, l'interrompit la tenancière du bordel. Le type en question ne peut pas faire tuer ces femmes, car il a besoin de leurs témoignages pour pouvoir faire abroger la nouvelle loi sur la prostitution en France. La liste est capitale, mais elle ne suffit pas. Elle devient même inutile si nous disparaissons toutes.

Lomer hocha positivement la tête.

– C'est pas faux, dit-il en allumant un cigare. L'homme dont vous parlez est certainement Maximilien de Prospero, un des principaux patrons de la prostitution traditionnelle. J'ai vu juste ?

– Parfaitement, approuva Cathy. C'était un ami de Céline. Elle ne l'a présenté à Berlin en

1998. Il y étudiait alors un projet d'une sorte d'Eros Center en France au cas où une nouvelle législation permettrait l'installation de ce type d'établissements. Maximilien était conscient que la généralisation catastrophique de la prostitution sauvage, sous la coupe des mafias de l'Est et d'Afrique, allait peser lourdement sur les lois en place. Selon lui, le pouvoir ne supporterait plus longtemps les excès de ce désordre. En homme d'affaires avisé, il pensait que toute l'Europe adopterait bientôt le système allemand et voulait donc déjà s'y préparer. Aussi, quand il m'a demandé la liste, j'ai deviné que son intention était de faire reculer le gouvernement par le chantage et le forcer à établir une autre loi favorisant la création des Eros Center. Maximilien possède déjà toute une infrastructure d'immeubles prêts à fonctionner de la sorte.

Lomer intervint d'une voix inquiète :

– Vous êtes bien certaine que Christelle et vous étiez les seules à posséder la liste des clients du réseau ?

– Absolument, affirma Cathy.

– Quelque chose cloche, rugit l'homme des services spéciaux. Si la liste n'existe qu'en deux exemplaires, ce massacre n'a aucune raison d'être. Ce n'est pas Maximilien de Prospero qui les dirige. Ce n'est pas mon service. Et comme Carole a donné la liste originale à Paul Persan qui la garde dans son coffre-fort…

– Je n'ai jamais eu la liste, avoua l'Africaine.

32

Maximilien de Prospero raccrocha le téléphone et passa une main gantée dans ses cheveux gris.

Les événements se précipitaient.

Luigi venait de l'appeler de Rome pour l'informer de la présence de Carole et du Poulpe chez Cathy.

Il ne doutait pas que la patronne du bordel leur raconte tout.

Cela ne contrariait pas trop ses plans, mais l'obligeait à quitter sa neutralité. Jusqu'ici, la certitude du témoignage de Cathy l'avait fait négliger le sort des autres filles.

Les actions punitives de Bertrand lui prouvaient que les hommes de la mafia de l'Est tuaient chaque ancienne call-girl du réseau berlinois de Christelle. L'albinos en avait reconnu un des membres à Gand. Il leur faisait donc la chasse tout seul.

Ces tueurs voulaient la liste et ignoraient que plus aucune fille ne la possédait. Ils semblaient également connaître l'identité réelle des malheureuses et leurs adresses. Mais pas depuis le début du carnage, puisque c'était Carole qui les avait involontairement conduit à Céline.

Il téléphona à un de ses contacts à Bordeaux et lui demanda d'aller chez Laure pour la protéger, puis appela le portable de Sonia.

Elle décrocha.

– Planquez-vous vite quelque part, lui dit Maximilien. Immédiatement. Je suis un ami de Cathy. Prévenez-la dès que vous êtes en sécurité. Elle me fera passer le message.

La femme raccrocha sans répondre.

De Prospero n'avait pas terminé de mettre ses affaires en ordre.

Le pauvre Aucasse était toujours retenu chez les flics.

Il sonna Nicolas et se fit apporter les dossiers de la Lucky Blue Pictures dont il était un des principaux financiers.

Chaque film s'accompagnait de renseignements sur ses équipes. Techniciens et comédiens étaient fichés sous leurs véritables noms.

L'assassinat d'Eva différait des autres meurtres. L'actrice n'avait pas d'adresse fixe. Elle changeait sans arrêt d'hôtel et entassait ses affaires chez différentes copines. Au cours de ces derniers jours, le tournage du film l'immobilisait au Trocadéro. Quelqu'un de l'équipe avait donc informé ses exécuteurs.

Il soupçonnait Jim Fuckman.

– Lisez-moi ce qui concerne Paul Verfeau, demanda-t-il à son secrétaire.

Malgré le sommeil qui l'embuait encore, Nicolas lui obéit.

– Né le 7 novembre 1960, à Maubeuge. Débuts d'assistant opérateur en 1981 sur des films industriels. Passe à la mise en scène en 1988 et tourne d'abord des courts métrages de fiction avec son ami Rouvier. Il abandonne en 1990 pour réaliser des pornos à très petits budgets qui se distribuent sous le label Amateurs. Voyage ensuite en Asie où il se spécialise dans les bandes pédophiles, puis s'installe à Prague et fait des films homosexuels. Toujours avec Rouvier comme directeur de la photo. En 1995, rencontre avec Aucasse au festival de Cannes. Il entre chez nous et montre un tel talent qu'on lui commande des œuvres plus sophistiquées. Malgré les propositions de *Playmate*, il reste fidèle à Lucky Blue Pictures. Son goût pour les fruits verts nous a plusieurs fois posé des problèmes dans les pays où nous tournions.

– Et sur Rouvier ?

L'homme chercha parmi les dossiers et récita la fiche.

– Né le 11 août 1949, à Pau. Études d'opérateur de cinéma à l'école de Vaugirard. Entre à la télévision, puis éclaire des films industriels. C'est à ce moment-là qu'il rencontre Verfeau et ne le quitte plus. Leur parcours est identique. Sauf que Rouvier est marié. Trois enfants. En dehors du fait qu'il s'envoie certaines de nos actrices sur les tournages, nous n'avons rien de particulier à lui reprocher.

Maximilien réfléchit avant de poser une question.

– Il a été blessé dans la fusillade du Trocadéro ?

– Juste une éraflure.

– Faites-le venir ici tout de suite.

Le secrétaire donna des ordres et quitta son patron.

La sonnerie du téléphone retentit.

C'était Bordeaux qui l'informait de la disparition de Laure.

Maximilien se versa une verre de champagne et mit un DVD dans le lecteur pour regarder un film muet de Buster Keaton. Les acrobaties du clown le détendirent. Il adorait ce type.

L'arrivée de Rouvier interrompit sa vision. L'opérateur était en pyjama sous son manteau. Un pansement lui entourait le front, là où la balle avait déchiré la peau.

– La police vous a interrogé ? demanda de Prospero.

– Oui, monsieur.

– Verfeau n'était pas là quand le motard a tiré ?

– Il était parti le premier du plateau.

– Vous savez pourquoi on l'a tué ?

L'autre hésita, vert de peur.

– Pourquoi je le saurais ?

– Parce qu'il était votre ami.

Le directeur de la photo n'en menait pas large.

Maximilien se versa une autre coupe de champagne et sourit.

– Vous avez une bonne situation chez Aucasse. C'est-à-dire chez moi. Votre femme aime l'argent. Vos gosses ont des goûts de luxe. Les jolies filles ne sont pas farouches avec vous sur le plateau. Ce serait bien dommage de perdre tout ça, non ?

– Qu'est-ce qui vous intéresse ? soupira le technicien.

– Qui tenait Jim Fuckman ? Et pourquoi ?

Rouvier soupira.

– Maintenant qu'il est mort, je peux bien tout vous dire. Et puis, ça me soulagera. Il y a un an, on tournait un film à Vienne. Une version hard de *Sissi*. C'était un gros boulot. Paul avait envie de se distraire. Un type de la mafia de l'Est lui a procuré une gamine de dix ans. Je ne sais pas ce qui s'est passé dans la chambre, mais la gosse est morte. Le pourvoyeur a tout arrangé en disant à Verfeau que c'était à charge de revanche. Depuis, ces salauds ne l'ont pas lâché. Il n'en avait parlé à personne. Après votre coup de fil, Paul a téléphoné à quelqu'un. Pas difficile de faire le recoupement.

L'homme aux mains de cuir posa son verre.

– Tu vas tout raconter à la police. Maintenant.

– Oui. Comme ça, ils libéreront Aucasse.

Nicolas reconduisit l'opérateur.

Resté seul, Maximilien de Prospero remit en marche le film de Buster Keaton et se surprit à rire devant ses gags.

33

L'homme des services spéciaux écoutait Carole exposer les raisons de son mensonge.

– Quand j'ai ouvert les dossiers de l'ordinateur de Christelle, il n'y figurait rien sur le réseau de Berlin. Je me suis dit qu'elle travaillait uniquement sur disquettes, mais celles dont j'avais pu m'emparer se révélèrent vierges et le seul indice dont je disposais, c'était la lettre de Céline qui avait glissé dans la doublure de son sac à main. Je suis donc retournée voir Kriss à la clinique pour tout lui expliquer. Il m'a dit de laisser croire que j'avais la liste et d'appeler Paul Persan pour établir un plan qui puisse me protéger en faisant courir la rumeur que je lui avais remis cette liste et que *Paris-Monde* la publierait s'il m'arrivait quoi que ce soit. Ensuite, Walerian a voulu que je demande à son ami le Poulpe de m'aider. Je suis alors partie au *Pied de Porc à la Sainte-Scolasse* et, me rendant compte de son éthylisme, j'ai pensé préférable de ne pas lui dire la vérité à propos de la liste.

– J'ai une question à poser, intervint Gabriel. Pourquoi la police ne surveillait pas la maison de Christelle ?

Le chauve fit la moue.

– Cette charmante personne recevait beaucoup de gens importants et certaines pressions en haut lieu empêchaient d'être un peu trop sur son dos. Et puis, son petit chantage sur des députés ne justifiait pas de telles choses. J'ajoute que nous ne la pensions pas en danger de mort.

– Mais vous aviez l'œil sur Carole ?

– Pas en permanence. Il faut comprendre que la nouvelle loi sur la prostitution agace beaucoup de gens dans mon service. Nous avons bien autre chose à faire que de mettre un flic derrière chaque putain. C'est après la découverte du meurtre que la machine s'est remise en marche et parce qu'une caméra de surveillance de Neuilly avait filmé sa Jaguar blanche devant l'hôtel de ville pendant la nuit du crime.

L'Africaine haussa les épaules.

– Le goût du luxe me perdra. C'est trop voyant.

– Ce petit détail m'a conduit à penser que Carole était venue voir Christelle et qu'elle avait récupéré la liste, continua Lomer. Comme Paul Persan s'est arrangé pour nourrir mes conclusions sur ce point, tout le reste fut de la routine.

– Mais qui détient la liste de Christelle en dehors de Maximilien de Prospero ? demanda Cathy. Ceux qui possèdent les adresses des filles ? Ce n'est pas logique.

Tout au long de la discussion, Dupart réfléchissait à cette question. Ses doutes sur la duplicité du chauve s'estompaient de plus en plus. Il perçut une amorce d'explication et la livra.

– Les tueurs de la mafia de l'Est n'avaient pas encore les adresses des filles quand ils ont abattu Céline.

Gabriel pensa immédiatement au rôle que Marcel Kreymer pouvait avoir joué en cachant le premier cahier du journal intime de la mère de son enfant. Les coordonnées des call-girls devaient y être notées. Il regarda Carole qui devina sa pensée et lui fit un petit signe discret pour qu'il se taise.

– C'est pas con, déclara l'homme des services spéciaux en souriant au commissaire. Ils n'ont pas trouvé la liste chez Christelle. Ensuite, ils ont pensé que Carole l'avait et ont appris qu'elle l'avait remise à Persan. Alors, ils ont voulu trouver les autres filles dans l'espoir que l'une d'elles puisse avoir un double. Mais ils ne savaient pas où elles étaient. Ils ont donc suivi Carole et le Poulpe à Gand où leur tueur s'est fait briser la nuque par un type. Mais ensuite, ils connaissaient les lieux où étaient les autres call-girls.

– Qui leur a fourni ce renseignement? demanda Dupart. Ils n'ont pas pu fouiller chez Céline.

– L'information leur est bien venue après le meurtre de Gand, dit Lecouvreur. Puisque les tueurs ont eu Chantal et la Duchesse juste avant notre intervention. Mais c'est moins certain en ce qui concerne Francesca qui est la seule victime où nous n'avons pas été devancés. Et Laure a fui à temps pour leur échapper.

L'Africaine regarda sa montre.

– Il est cinq heures du matin et nous avons négligé de prévenir Sonia.

– Elle a changé d'identité, déclara Cathy Je vais lui téléphoner.

Elle monta au premier étage.

– Vous ne me cachez plus rien ? murmura Lomer à Carole.

La Noire pensait à Kreymer et mentit avec autorité.

– Vous savez bien que non !

Il lui jeta un regard soupçonneux.

– Moi, je ne sais rien du tout.

La naine entra dans la pièce.

Elle portait un plateau couvert de sandwichs, avec des tasses et une cafetière.

Ils se restauraient quand la patronne du bordel redescendit.

– Impossible de joindre Sonia, dit-elle.

– Quel est son nouveau nom ? s'enquit Lecouvreur.

– Régine Robert. Elle habite Genève. Pourvu que…

– Donnez-moi son adresse, l'interrompit le chauve.

– On va encore faire de l'hélicoptère, déclara le Poulpe.

34

L'avion en provenance de Paris atterrit à Zurich. Les passagers à destination de Lugano descendirent de la carlingue pour attendre le vol de correspondance en zone de transit. Boris se trouvait parmi eux. Il se dirigea vers l'espace réservé aux fumeurs, alluma une Camel sans filtre et parcourut le journal du matin que l'hôtesse lui avait offert durant le voyage. La fusillade du Trocadéro partageait la première page avec la découverte du corps de Valery. L'éditorialiste ironisait sur l'impuissance de la police à faire régner l'ordre dans le pays.

Le vieil homme avala un café en consultant la messagerie de son téléphone portable. Par texto, Karl confirmait leur rendez-vous. Tout se passait donc comme prévu.

L'attente ne fut pas longue et un airbus emmena Boris au Tessin au travers quelques turbulences. Il sommeilla pourtant et ne fut réveillé que par l'hôtesse qui lui dit d'attacher sa ceinture pour la descente sur Lugano.

Les formalités de douane et le contrôle de son passeport terminés, il sortit de l'aéroport et constata qu'un beau soleil d'hiver éclairait la région.

Karl l'accueillit dehors et le fit monter dans une voiture. Ils prirent la route de Locarno.

– Tu as tout ce que Bobo a demandé ? interrogea Boris.

– Oui. Mais je pense qu'il est complètement fou.

– Moi aussi.

Bertrand s'était levé tôt.

Après avoir pris son petit déjeuner dans sa chambre, il flâna un peu autour du lac en attendant neuf heures, puis se dirigea vers la rue où travaillaient les filles de Saint-Domingue, accosta Marina et monta faire l'amour avec elle.

La prostituée le remercia quand elle reçut cinq cents francs suisses.

– Je reviendrais dans l'après-midi, déclara l'obèse en partant.

Il revint à son hôtel, s'allongea sur le lit et pleura.

Des souvenirs vinrent attiser son chagrin.

Beaucoup de honte aussi et le regret de ne pas avoir été le père qu'il fallait pour Céline.

La réception le prévint alors de l'arrivée de Boris.

– Qu'il monte, répondit l'albinos en séchant ses larmes.

Son ami entra dans la chambre et lui présenta l'individu athlétique qui l'accompagnait.

– Je réponds de Karl comme de moi-même, précisa-t-il.

Un bref échange de regards suffit à Bertrand pour juger le Suisse. Des yeux clairs. Un visage aux traits burinés. Une bouche mince. Des mains larges et nerveuses. Un corps de sportif. Des cheveux noirs.

– Ancien des commandos ?

– Mercenaire, articula l'Helvète. Pendant sept ans.

– Pourquoi tu as plaqué ?

– Je commençais à trouver que l'argent avait une mauvaise odeur quand ça venait des dictateurs.

L'albinos esquissa un sourire entendu et lui fit signe de s'asseoir.

– Boris t'a expliqué ?

– Si je suis là, c'est que je suis d'accord.

La réponse plut à Bertrand.

– Alors, on se comprend. Tu connais les gars des mafias de l'Est et mon plan ne peut fonctionner qu'avec ton aide. C'est risqué.

– J'ai apporté ce que tu demandais.

Il sortit un paquet de sa poche et le posa sur la table de nuit.

Bobo alluma une cigarette.

– Qui protège les filles qui tapinent dans la ville ?

– Un notable d'ici, répondit Karl. En accord avec Vajiensko. Il y a surtout des gamines de Saint-Domingue.

– Elles donnent le fric de leurs passes à qui ?

– Vladimir. Il loge au *Grand Hôtel* avec son patron.

– C'est lui qui veille sur les petites ?

Le Suisse soupira.

– Si on peut dire ça comme ça. Coups, chantage à leurs gosses et à leurs familles restées au pays. Une brute et un tueur.

– Tu le connais ?

– Un peu. Jamais eu d'affrontement avec lui. On se tolère.

– C'est parfait.

Boris écoutait ce dialogue en serrant les poings. La manière dont son ami voulait agir lui semblait trop suicidaire, mais il savait aussi que rien ni personne ne pourrait l'en dissuader.

– Je veux connaître l'emploi du temps d'Alexander en détail, reprit l'albinos. Tu peux t'en occuper ?

– C'est comme si c'était fait, répondit Karl.

– Très bien. On se retrouve ici ce soir.

Le Suisse s'en alla.

– Il a l'air d'un bon soldat, déclara l'obèse en regardant son ami.

– Mieux que ça. Quand je lui ai parlé de toi, il était fier de t'aider. C'est le neveu de Daniel le Zurichois. Tu te souviens de lui ?

– Oui. Le coup de Clichy en 1974.

Boris regarda l'heure.

– Bertrand, signe-moi un papier pour que je puisse récupérer ton petit-fils.

Son interlocuteur lui tendit une lettre.

– C'est fait. Comment tu vas le ramener en France ?

– Je me suis organisé. Nous prendrons l'avion à Milan.

– Merci. On se dit au revoir ?

– Oui. On se retrouvera en enfer.

Ils se serrèrent la main et se séparèrent.

Un taxi déposa Boris devant un loueur de voiture à Lugano.

Le vieux truand choisit une voiture discrète, paya la caution et alla chercher le gamin de Céline.

La directrice de l'établissement le reçut, l'écouta et s'étonna de sa démarche.

– Cela fait vingt minutes qu'une femme l'a emmené.

Elle lui montra une lettre.

– Avec l'aval de sa mère. Lisez vous-même.

Il parcourut le message et fronça les sourcils.

– Vous connaissiez cette personne ?

– Bien entendu. Quand le petit a failli se noyer, elle est tout de suite venue. Mais avant, Sonia lui avait déjà rendu plusieurs visites.

– Sonia, murmura Boris.

– Une bien gentille personne, affirma la directrice.

35

Le Poulpe trouvait monotone tous ces trajets en hélicoptère.

Il trompait son ennui en regardant les superbes formes de Carole. L'Africaine était consciente de son désir et ne s'en amusait pas. Hors de ses coucheries professionnelles, un seul homme comptait pour elle : Krissawiecz. Jamais il ne lui serait venu à l'esprit de le tromper avec un autre. Même si Gabriel Lecouvreur ne lui déplaisait pas, elle s'en tiendrait à cette règle. Question d'amour et d'éthique.

Assis près du pilote, Lomer avait perdu sa morgue ironique. Rien ne se déroulait plus comme il l'avait espéré. Le but de sa mission perdait aussi sa raison d'être. On lui avait demandé de protéger des politiciens et de négocier avec les sept call-girls de Christelle afin d'obtenir leur silence. À présent, cet ordre l'écœurait.

L'existence du gamin de Céline y était pour beaucoup. Il ne pouvait pas s'empêcher de penser à ce gosse.

Quant au commissaire Dupart, la colère et la honte le tenaient en éveil. L'idéalisme de sa jeunesse lui revenait en ressac, troublait sa conscience et le rendait amer. Il se haïssait.

Quand ils atterrirent à Genève, l'épuisement les abattait.

Une voiture les conduisit au domicile de Sonia.

Aucun d'eux ne prononça un mot pendant le trajet.

Personne ne répondit à leur coup de sonnette.

L'homme des services spéciaux força la serrure de la porte.

L'ancienne call-girl n'était pas chez elle.

– Personne n'a fouillé les lieux, constata le Poulpe.

L'appartement ressemblait à n'importe quel intérieur bourgeois.

Quatre grandes pièces au mobilier moderne et sobre. La chambre parfaitement rangée. Une cuisine équipée des dernières technologies. La salle de bains en marbre blanc.

Une grande fenêtre encadrait une magnifique vue du lac.

Ils découvrirent une cinquième pièce à côté du salon.

Elle était entièrement tapissée de velours rouge et noir. Une croix de bois occupait tout un mur. Des instruments de torture s'alignaient sur la table. Quelques masques et parures de cuir emplissaient une penderie sans rideaux. Un fouet complétait cette panoplie infernale.

– Elle n'a pas pris sa retraite, murmura le chauve.

Carole inspecta les accessoires, fouilla les poches des vêtements et retourna explorer le reste de l'appartement.

Tous la regardaient faire.

L'Africaine ouvrit enfin le tiroir de la table de nuit et le referma en se grattant la tête.

– Très bizarre, dit-elle en composant un numéro de téléphone sur son portable.

Ils se demandaient la raison de son comportement.

– Allô ? dit la Noire quand elle eut joint son correspondant. C'est Carole. Oui, je suis à Genève… Dis-moi… Régine Robert, tu connais ?… Non.

Elle s'isola dans la cuisine pour continuer la conversation et n'en revint que lorsque sa communication fut terminée.

– Je viens de me renseigner. Ce n'est pas ce que vous pensez. Sonia a bien quitté le métier.

– Vous plaisantez ! rugit l'homme des services spéciaux.

– Pas du tout, monsieur Lomer. Dans cette ville, je connais toutes les prostituées qui pratiquent le sadomasochisme. N'oubliez pas que je fais le même métier qu'elles et nous avons les mêmes fournisseurs. D'abord, j'ai remarqué que Sonia n'a pas de ligne de téléphone pour sa clientèle. Aucune fille ne travaille avec son numéro personnel, mais elle peut avoir plusieurs portables. En revanche, les accessoires de sa chambre de torture sont peu variés. Chaque client a pourtant des goûts différents et une maîtresse doit en tenir compte. Ici, pas de cage. Pas de bougies pour en faire couler la cire bouillante sur la peau de ses esclaves. Pas de parures en latex, dentelle ou fourrure. Pas de cheval d'arçon, de Vierge de Nuremberg, de table d'opération ou de fauteuil de dentiste. Uniquement des choses qui semblent n'être là que pour une seule personne.

Lecouvreur anticipa la conclusion de la jeune femme.

– Un seul client ?

Carole fit un signe négatif de la tête.

– Pas un client. Un amant.

Elle retourna vers la table de nuit, ouvrit le tiroir et en sortit une photographie.

Celle de Marcel Kreymer, le député flamand.

36

Alexander Vajiensko n'aimait pas ce qu'il venait d'apprendre. À la suite du témoignage de Rouvier, la police française raflait les hommes de son réseau parisien. Ses principaux appuis politiques le lâchaient. Sans la liste des clients du réseau de Christelle, il lui était impossible d'arrêter cette opération.

Plusieurs solutions le tentaient. Faire enlever Persan pour le contraindre à lui communiquer cette pièce compromettante lui sembla être la meilleure. Il établit donc un plan dans ce sens.

Restait le problème des dernières filles en vie.

Cathy était bien trop protégée pour être éliminée.

Laure avait disparu.

Enfin, l'assassin de Valery courait toujours dans la nature.

D'après ses derniers renseignements, Carole et le Poulpe étaient à Genève. Chez Sonia. Il s'en fichait.

Tania lui alluma sa cigarette et le critiqua.

– S'attaquer à Persan n'est pas une bonne idée, Alex. Ce mec n'est pas un petit journaliste à la manque. Il a pris toutes ses précautions. Si nous le kidnappons, la liste sera aussitôt publiée dans son canard et tu perdras tous tes moyens de pression.

– C'est un risque à courir.

Elle le regarda de ses grands yeux verts.

– Pourquoi tu n'essaies pas plutôt de joindre Maximilien pour lui laisser croire à une collaboration future entre vous ?

– Jamais ce connard n'acceptera une alliance, râla le Russe. J'aurais d'ailleurs mieux fait de le buter depuis longtemps. Il faut que tu ailles à Paris pour t'occuper de Paul Persan.

– D'accord, mais c'est une connerie.

– Non. La connerie, c'est qu'on aurait beaucoup mieux fait de commencer par là. Nous n'avons trouvé aucune liste chez les filles descendues. Toi, tu as fouillé inutilement chez Chantal. Et c'est normal.

La tueuse ne comprenait pas où son patron voulait en venir.

– Pourquoi c'est normal ?

– Parce qu'il n'existe qu'une seule liste. Celle de Christelle. Celle que Persan possède. Il me la faut, tu comprends ! Il me la faut le plus vite possible.

Sa rage effraya la jeune femme.

– Je pars tout de suite ? demanda-t-elle.

– Oui.

Tania quitta la chambre.

Il freina son impatience en regardant les photographies de jolies Hongroises destinées à se vendre dans les faubourgs de Nice. La plupart étaient mineures. Entre quinze et seize ans.

Selon les pays, la clientèle n'avait pas les mêmes goûts. En France, les Africaines travaillaient de mieux en mieux. Sauf dans le Sud où les Slaves devenaient très prisées.

Ici, à Locarno, la colonie des filles de Saint-Domingue se montrait assez soumise pour satisfaire les vices des notables locaux. Il n'était pas à l'origine de ce trafic, mais l'avait récupéré en s'installant dans la ville. Cela rapportait beaucoup.

La prostitution n'était pas sa seule activité. Vajiensko régnait aussi sur les armes et la drogue. Son frère cadet le secondait à Prague.

Ivan entra timidement dans la pièce.

– On a déposé ça chez le concierge, dit-il ne tendant une enveloppe.

– Qui ? hurla Alexander.

– Un gamin.

Le truand prit la lettre et la lut.

Je possède la liste que vous cherchez.

J'en veux cinq cent mille dollars.

Si vous êtes d'accord, appelez ce numéro de portable et laissez un message.

Je vous contacterai alors pour la transaction.

37

Carole avait tout raconté à Lomer.

L'homme des services spéciaux tournait en rond dans l'appartement de Sonia.

– Le député Marcel Kreymer est le père du gosse de Céline. Il a conservé des cahiers du journal intime de cette femme et entretient Sonia qui est devenue sa maîtresse. À tous les sens du terme…

Le Poulpe fixait la photographie du Flamand.

La mémoire lui revint et un profond écœurement le mit en rage.

– Il faut coincer ce pourri de merde !

– Et faire lever son immunité parlementaire, ajouta Dupart.

– Je n'en suis pas si certain, marmonna le chauve. Rien ne nous indique qu'il soit pour quelque chose dans la mort des filles.

– Trop lâche pour ça… approuva l'Africaine. Mais par lui, on peut retrouver Sonia et lui sauver la vie.

Elle regarda Lomer et continua de parler.

– Fini les petits secrets. Nous pouvons facilement identifier Sonia sur la photo de groupe, vu que c'est la seule dont nous ne connaissons pas le visage. Envoyez donc un avis de recherche. Pour elle et Laure.

L'homme des services spéciaux passa plusieurs coups de fil.

Lecouvreur découvrit une bouteille de vin blanc dans le Frigidaire et s'en servit un verre.

Ce dont il venait de se rappeler le rendait malade.

Kreymer représentait ce qu'il haïssait le plus au monde. En parler aux autres ne l'aurait nullement soulagé. C'était inutile. La raison qui l'opposait au politicien belge n'avait rien à voir avec eux. Il s'agissait d'un tout autre combat.

– Vous n'allez quand même pas recommencer à boire ? dit Dupart en le découvrant dans la cuisine.

Sans tenir compte de sa remarque, Gabriel alla dans la chambre de torture et contempla le matériel pour masos.

Carole le rejoignit.

– Tu pratiques ces trucs ? lui demanda-t-il.

– C'est ce qui paye le mieux.

– Mais avec Kriss ?

– Pas nécessaire. Il peut encore bander sans la douleur.

– Moi aussi.

– Mais toi, je m'en fous.

Le Poulpe soupira.

– Dommage que nous ne nous soyons pas simplement rencontrés comme client et pute.

Lomer interrompit leur dialogue.

– J'ai pu situer le député Marcel Kreymer. Il se repose dans une maison à Bellinzona, près de la frontière italienne.

– C'est dans le Tessin, souligna Carole.

– Pas très loin de Locarno. Et c'est justement à Locarno que le grand patron des mafias de l'Est a établi ses quartiers. Au *Grand Hôtel*.

– Le monde est petit, dit l'Africaine.

– Je pense que nous allons faire de l'hélicoptère, conclut Gabriel en vidant son verre.

38

Karl passa une partie de la journée à traîner autour du *Grand Hôtel*. Il réalisa vite que Vajiensko restait tout le temps dans sa chambre et se contentait de prendre quelquefois l'air à la fenêtre.

Une douzaine de gardes du corps assuraient sa sécurité.

Sa présence fut évidemment remarquée par les truands. Certains le connaissaient. Ils se demandèrent ce qu'il était venu faire dans la ville et avertirent leurs chefs.

Vladimir décida de l'aborder.

– Tu cherches qui ou quoi ? lui demanda-t-il en l'invitant à prendre un verre sur la terrasse du jardin intérieur.

– J'attends un ami, répondit son interlocuteur.

– Sur notre territoire ?

– Possible…

– Pour affaires ?

– Je ne sais pas encore.

Ils se jaugeaient en discutant calmement.

– Nous n'avons jamais eu de problèmes avec toi, reconnut le Slave.

– Normal. Je n'ai rien à voir avec vos activités.

– Si tu n'étais pas aussi individualiste et ingérable, on pourrait travailler avec toi. Alexander y a pensé. Ta réputation est excellente.

– Mais pas la vôtre. J'évite toujours de prendre des contrats pour ceux qui trafiquent de la drogue et des filles mineures. Mon éducation protestante m'en empêche.

– Tant pis. Seulement, ne nous crée pas de problèmes.

Karl vida son verre, s'en alla sans répondre au Slave et jugea qu'il fallait mieux patienter avant de rejoindre Bertrand.

Ce dernier attendait que l'effet du Viagra se fasse sentir pour sortir de l'hôtel et retourner voir Marina.

La réception l'avertit que Boris le demandait.

Il s'étonna de son retour à Locarno, lui demanda de monter et s'inquiéta devant le visage contrarié de son ami.

Le vieux gangster s'affala sur un fauteuil.

– Une nommée Sonia a récupéré ton petit-fils.

L'obèse se souvint de ce nom.

Céline lui avait dit que cette amie de Lausanne se rendait parfois à la pension pour voir le gosse.

Elle avait même accouru quand il avait manqué se noyer dans le lac.

– Tu en penses quoi ? demanda Boris.

– Je dois réfléchir, répondit l'albinos. Attends-moi ici. Je reviens dans une heure.

Il quitta l'hôtel et se dirigea vers le bar où traînaient les filles de Saint-Domingue. Marina y discutait avec ses copines. Elle le vit et comprit sa demande. Ils regagnèrent la maison de passe. L'efficacité de la molécule excitante permit à Bertrand d'être un excellent amant.

– Tu es encore très sensuel pour ton âge, lui dit la fille pendant qu'ils se rhabillaient. Mais pourquoi tu ne montes qu'avec moi ?

– J'ai un grand sentiment pour toi, murmura l'obèse.

– Je te plais parce que je fais bien l'amour ?

– Pas seulement.

Il lui sourit et retourna à son hôtel.

Boris remarqua sa mine défaite.

– Ne prends pas trop de ces saloperies, dit il en montrant le flacon de Viagra. Ton cœur peut lâcher.

L'albinos s'allongea sur le lit.

– Tu sais qui est le père de mon petit Alain ?

– Aucune idée.

– Un député, déclara Bobo. Marcel Kreymer. Un Flamand. Céline m'avait fait promettre de garder le secret. Elle ne voulait pas qu'il le reconnaisse et refusait le mariage. Je me demande si ce n'est pas lui qui a demandé à cette Sonia d'aller chercher son fils.

Boris comprit ce que son ami attendait de lui.

– Je vais me renseigner sur ce type.

Un coup discret frappé à la porte les fit taire.

L'albinos prit son Luger et ouvrit.

Karl entra.

– Je me suis arrangé pour ne pas être suivi, dit-il.

Bobo baissa son arme.

– Alors ?

– L'amorce est jetée. Ce sera difficile. Vajiensko bénéficie d'une protection exceptionnelle.

Son regard s'attarda soudain sur Boris.

– Pourquoi tu es revenu ?

Le vieux gangster lui expliqua.

– Marcel Kreymer a une maison pas loin d'ici, dit alors l'ancien mercenaire. À Bellinzona. C'est pratique pour ses combines avec Vajiensko.

Bertrand sursauta.

– Ils sont en cheville ?

– Depuis un bon bout de temps ! ricana Karl.

38

Sonia cherchait un programme destiné aux enfants sur le téléviseur.

Assis dans un fauteuil, Alain attendait.

Dans la pièce voisine, Marcel Kreymer était au téléphone.

Il bafouillait.

– Je ne veux plus. C'est clair, non ? Je sais que la police française est sur votre dos. Alors trouvons un arrangement pour casser nos accords. Non. Je ne me déplace pas. Envoyez quelqu'un ce soir.

D'un geste agacé, il raccrocha le combiné.

Son visage ruisselait de sueur.

Ses mains étaient moites.

Le bruitage d'un dessin animé lui parvint aux oreilles, vite suivi par le rire de son fils.

Sonia vint le rejoindre.

– Tu as tort de couper les ponts avec Vajiensko, dit-elle. Il va se fâcher. Je n'aime pas ça.

– On l'a quand même bien aidé ! s'emporta le Belge.

– Je peux te dire qu'il n'en a rien à foutre.

– Fallait bien que je te protège.

– À quel prix ! J'ai donné les copines pour sauver ma peau. Sauf Cathy qui avait pris ses précautions. Mais ne t'inquiète pas. Ils finiront bien par l'avoir. Et nous aussi.

Marcel ricana.

– Pour ça, faudrait qu'ils puissent nous retrouver. J'ai tout prévu. Maintenant qu'Alain est avec nous, on peut partir tout de suite. Je leur ai fait croire que je voulais négocier, mais on sera déjà loin quand ils arriveront ici. Mon fric est viré en Amérique du Sud. Les faux papiers sont prêts. Terminé la politique et les idéaux à la con. Mon fils va pouvoir grandir loin de cette merde.

– Tu as tort, déclara sa maîtresse. Je t'assure qu'on devrait traiter avec Vajiensko.

La sonnette de la porte retentit.

– Ce ne peut pas être déjà eux... s'étonna le député.

Il regarda par le mouchard.

– Carole !

Sa compagne fronça les sourcils.

– La Black dont tu m'as parlé ?

Kreymer approuva d'un mouvement de tête.

– Elle n'est pas seule, déclara Sonia en regardant par la fenêtre.

La porte s'ouvrit et Lomer sourit d'un air confus.

– Excusez-moi. Je croyais qu'il n'y avait personne dans la maison et j'ai utilisé un passe pour y entrer. Vraiment, je suis navré d'une telle impolitesse de ma part. Mais on aimerait bien voir Sonia.

– Je suis là, dit l'ancienne call-girl.

– Tant mieux, se réjouit Dupart. Nous arrivons à temps.

Ils investirent les lieux sous le regard affolé du couple.

Le Flamand pâlit en voyant le Poulpe.

La Noire désigna les valises.

– Vous partiez en voyage de noces ? demanda-t-elle.

Ils ne lui répondirent pas.

Le chauve entra dans la pièce voisine et trouva l'enfant.

– Comment tu t'appelles ?

L'enfant répondit sans quitter le téléviseur des yeux.

– Alain Cauvaliaz.

L'homme des services spéciaux éteignit l'appareil.

– Viens avec moi.

Il prit le gosse par la main et le conduisit près de son père.

– Monsieur le député, je me pose plein de questions à votre sujet.

Kreymer avait peur.

– Nous devons partir immédiatement d'ici.

– Mais nous sommes là pour vous y aider.

Gabriel remarqua qu'on avait brûlé des papiers dans la cheminée.

Il en fit discrètement part à Carole.

– C'est tout ce qu'il reste des autres journaux intimes de Céline ? demanda-t-elle à Marcel en désignant les cendres.

Le Flamand ne pouvait plus contenir sa terreur.

– Ne restons pas ici, je vous en conjure. Ils vont venir…

– Qui ? demanda Dupart.

Le député jeta un regard anxieux vers Sonia.

L'ancienne call-girl restait d'un calme effrayant.

– Je vous dirai tout quand nous serons loin d'ici, déclara Kreymer. Partons. Partons vite.

Lecouvreur le gifla.

– Tu te souviens de moi ? Réponds !

Il le frappa une seconde fois.

Lomer intervint pour s'interposer entre des deux hommes.

– Allons… Que de nervosité ! Et il y a un enfant qui nous regarde.

Le gamin fixait son père avec curiosité.

– J'ai bien réfléchi dans l'hélico, déclara Gabriel en reprenant son sang-froid. Les gars de la mafia de l'Est n'avaient pas les adresses des filles à Gand. Ils les ont eues juste après la mort de Céline. Enfin, presque toutes. C'est donc que quelqu'un les leur a fournies après ce meurtre. Quelqu'un qui les connaissait. Et toi, monsieur Kreymer, tu étais à Gand. Tu y as récupéré les journaux intimes et l'album de photos de Céline. Lorsque Carole t'a menacé tu ne lui as donné qu'un des carnets. Les adresses des filles du réseau de Christelle pouvaient très bien figurer dans un de ceux que tu as gardés. C'est d'ailleurs ce que j'ai d'abord cru. Jusqu'à ce que nous découvrions tes relations avec Sonia. Maintenant, mon idée, c'est que tu as traité avec Vajiensko pour épargner ta chère Sonia qui leur a fourni toutes les coordonnées de ses amies pour sauver sa vie. La transaction ne fut pas difficile parce que tu étais déjà en contact avec ce fumier de Russe. Ton nom me disait quelque chose et puis, ça m'est revenu tout à l'heure. Marcel Kreymer. Autrefois jeune militant dans les groupes d'extrême droite à Anvers. Un port où la mafia de l'Est s'est vite installée pour la vente d'armes et d'autres combines répugnantes. Ta sale organisation de néonazis s'y fournissait amplement. J'ai combattu contre ces fascistes. Et c'est comme ça que je t'ai croisé, espèce de salaud !

Dupart admira le Poulpe. Il le retrouvait dans sa légende. Régénéré.

L'homme des services spéciaux approcha de Sonia.

– Mon petit camarade a-t-il raison ?

La porte vola soudain en éclats.

Huit hommes armés entrèrent et firent feu.

Carole jeta l'enfant derrière un lourd meuble de chêne, sortit son Beretta, riposta et vit le député recevoir une balle dans la gorge.

Lecouvreur empoigna le Mauser de Werner et abattit un des tueurs.

Le commissaire Dupart et Lomer tiraient également sur eux.

Sonia fut touchée à la poitrine.

La fusillade s'amplifia.

Le Poulpe et ses compagnons n'avaient aucune chance de s'en sortir, mais un renfort survint de la rue. Pris à revers, les hommes de la mafia de l'Est tombèrent comme des mouches. Ce fut un carnage.

Quand tous furent abattus, Boris se présenta dans l'encadrement de la porte avec un automatique dans chaque main.

L'homme des services spéciaux se releva.

– Monsieur Criel, je présume ?

– Bonjour Lomer. Il y a longtemps que nous ne nous étions pas vus…

– Vingt ans, reconnut le chauve. Une sale affaire où nous avions les même cibles. Finalement, on s'était assez bien entendus. Qu'est-ce que vous foutez là ?

– Le petit-fils de Bertrand ? demanda le vieux truand.

– Indemne, soupira le chauve. À ce que je vois, vous êtes toujours aussi fidèle en amitié…

– Et à mes promesses.

Il contempla les cadavres.

– Vos services vont couvrir cette boucherie ?

– La routine, plaisanta Lomer.

Dupart était blessé à la jambe et Carole lui faisait un garrot.

Marcel Kreymer était mort.

Son fils le regardait avec des grands yeux.

Boris le prit dans ses bras.

– Je suis ton parrain. Tout va bien.

Le Poulpe se pencha sur Sonia qui agonisait.

– Tu peux parler ? lui demanda-t-il.

Elle s'exprima d'une voix faible.

– Je suis complètement foutue. Et ça me fait croire à nouveau en Dieu. Alors, autant me confesser.

Lecouvreur ne portait pas les curés dans son cœur, mais il ne le lui dit pas et écouta ses aveux.

– Lorsque Marcel est tombé amoureux de Céline, je l'ai récupéré pour les séances de SM. Puis, à la chute du réseau de Berlin, il m'a acheté l'appartement de Genève en m'entretenant afin que je n'aie plus aucun autre client que lui. Céline ne voulait pas l'épouser. Moi je ne voyais pas d'inconvénient à devenir sa femme. Il était riche et son goût pour la soumission me plaisait. Mais quand il a appris l'assassinat de Christelle, son inquiétude l'a quand même conduit à Gand.

– Et il y a reconnu le tueur de la mafia de l'Est.

– Oui. Il a compris que Vajiensko allait toutes nous abattre et m'a persuadée de lui donner les adresses des filles pour que j'aie la vie sauve. Vajiensko et lui étaient en affaires depuis des années. Trafic d'armes. La fortune de Maximilien venait de leurs combines. J'avais les coordonnées de toutes les call-girls, sauf de Francesca. Elle, c'est en vous suivant qu'ils ont pu finalement l'abattre. Un de leurs indicateurs les y a aidés. Cathy était à l'abri. Elle s'était déjà arrangée avec Maximilien de Prospero. Et Laure avait disparu dans la nature et elle…

Sa voix devenait de plus en plus faible.

– Et la liste des hommes politiques ? demanda Gabriel.

– C'est votre copine Carole qui l'a.

– Non. Justement. Et l'homme de la mafia russe ne l'a pas trouvée quand il a descendu Christelle.

– Ce n'est pas Vajiensko qui a fait tuer Christelle. C'est…

Un éclair de terreur passa dans ses yeux.

Elle mourut sans avoir le temps de donner le nom de l'assassin de la patronne du réseau de Berlin.

39

Tania vit Persan sortir de son journal pour se rendre au café. Elle le suivit dans la rue déserte et le rattrapa.

Le patron de *Paris-Monde* sentit le canon d'une arme dans son dos.

– Pas un mot, lui dit la tueuse. On retourne à votre canard. Vous me donnez la liste des politiciens compromis dans le réseau de Christelle et il ne vous arrivera rien.

Paul ricana.

– Vous pensez vraiment que je vais vous obéir ?

– Oui. Parce que vous avez peur de mourir.

Un petit bruit se fit entendre et la femme s'écroula sur le trottoir.

Une balle en plein cœur.

À quelques mètres de là un homme rangea son automatique muni d'un silencieux et vint dans la direction de Paul.

– Mon patron aimerait vous voir, dit-il en désignant une voiture.

Paul obéit sans poser de questions.

Ils roulèrent un moment dans la ville.

L'automobile se gara devant un bel immeuble et l'homme fit signe au rédacteur en chef de l'accompagner à l'intérieur.

Quelques minutes plus tard, il fut introduit dans le bureau de Maximilien de Prospero qui lui sourit avec bienveillance.

– Vous avez de la chance que je vous faisais surveiller, monsieur Persan. Nous pensions bien que certaines personnes allaient tôt ou tard vous créer des petits soucis. Il fallait donc être prêts à les en empêcher.

Paul resta sur ses gardes.

– Je sais qui vous êtes.

– Et moi, je sais que vous n'avez aucune liste.

Le journaliste accusa le choc.

– Comment ça ?

– Carole l'a dit à une de mes amies qui m'en a informé.

Persan se demanda si son interlocuteur bluffait.

– Et alors ? interrogea-t-il d'un ton neutre.

Maximilien alluma une cigarette et observa son invité.

– Mon cher monsieur, je fais des affaires. J'ai de grands projets. La liste en question m'est très utile pour pouvoir les mener à bien. J'en ai un double, mais j'ignore toujours qui détient l'original. Ce que je sais, c'est que les principaux chefs de la mafia de l'Est le veulent et qu'ils croient encore que c'est vous qui l'avez. Ils vous ont donc envoyé une tueuse pour le récupérer.

– Ces crapules ont des soucis en ce moment, rétorqua Paul. Les flics les pourchassent enfin. Et des rivaux descendent leurs chefs. Je crois comprendre que c'est un de vos hommes qui a exécuté Valery.

– Non. Ce n'est pas moi qui ai commandité ça. Pourtant, je suis le seul à être leur concurrent et tout ce bordel me convient infiniment.

– Soyez un peu plus clair, monsieur de Prospero.

– D'abord, une guerre directe avec ces gens me coûterait trop de vies. Ensuite, ça exciterait la police et le gouvernement contre moi. J'ai horreur des maladresses. Cette fille, Tania, est le seul membre de leur bande que mes hommes ont supprimé. Pas seulement pour vous sauver la vie, mais parce que votre mort contrariait beaucoup mes calculs.

– Des témoins ont pu voir la scène.

– La rue était déserte. Et tout s'est passé si vite… Sachez aussi que son corps n'est plus là où il est tombé. Nous l'avons ramassé pour le cacher. Afin que ses chefs ignorent son échec.

– C'est pour me raconter tout ça que vous m'avez kidnappé ?

De Prospero eut un sourire malicieux.

– Je vous garde ici afin que ces imbéciles croient que vous êtes dans les mains de leur tueuse et qu'elle cherche à récupérer la liste.

40

Boris regarda sa montre et leva les yeux vers Lomer.

– Vous savez ? lui demanda-t-il.

L'homme des services spéciaux sourit en répondant.

– Oui. C'est Bertrand qui fait la chasse à Vajiensko. À cause la mort de sa fille. Il est fou. Alexander n'est pas Valery. Je ne donne pas une chance à Bobo d'en réchapper.

– Les confessions d'une morte ne vous permettront pas de passer les menottes au Russe, déclara le vieux truand. Et vous savez bien qu'en Suisse, il est absolument intouchable.

Le Poulpe les écoutait en vidant un verre de gin.

L'alcool ravivait ses vieilles haines.

Il voulait détruire Vajiensko et s'adressa à Boris.

– Prévenez votre pote que je vais lui donner un coup de main.

– Foutez-lui donc la paix, grogna Boris. Il a son plan. Ne le gâchez pas avec votre zèle.

– C'est votre copain, râla Lecouvreur. Et vous le laissez courir au suicide ? Je ne comprends pas.

– Bertrand a choisi, déclara son interlocuteur.

Carole évoqua une hypothèse.

– Est-ce lui qui a la liste des clients de Christelle ?

– Je n'en sais rien, répondit Boris.

– Je ne pense pas qu'il la possède, assura Lomer. Il n'aurait jamais tué votre amie. Bobo veut venger sa fille. C'est tout.

– Et comment va-t-il faire ? demanda Gabriel.

Le vieux truand les regarda.

– Vous l'apprendrez bien assez tôt.

– Vous pouvez emmener le gosse, dit le chauve. Ce sera mieux pour lui que l'orphelinat

– Merci, répondit Boris. Une de mes nièces va bien s'en occuper.

Il prit l'enfant par la main et s'en alla.

Le Poulpe posa la main sur l'épaule valide de l'homme des services spéciaux.

– C'est bien ce que vous avez fait là.

– Surtout, n'en parlez à personne. Je tiens à ma réputation d'être odieux et impitoyable. Elle n'est d'ailleurs pas usurpée.

– On va à Locarno ? demanda Carole.

Lomer alluma un cigare, contempla les cadavres qui gisaient sur le plancher, composa un numéro sur son téléphone portable, avertit ses homologues suisses de la situation et coupa la communication.

– Nous allons d'abord attendre l'équipe de nettoyage.

– Une pièce du puzzle manque toujours, dit le Poulpe. Qui a tué Christelle et tiré sur Walerian ? Qui possède l'original de la liste ?

– Vous posez mal les questions, intervint Dupart. L'essentiel est de comprendre pourquoi on a pris cette liste. Ou pour qui ?

La sonnerie du portable du chauve retentit.

Lomer prit l'appel, écouta et fronça les sourcils.

Quand il rangea son appareil, sa rage était visible.

– Quelque chose de grave ? s'enquit Lecouvreur.

Son interlocuteur plissa ses yeux en répondant :

– Le service des douanes helvètes affirme que Laure est arrivée à Lugano. Hier. Un contrôleur de l'aéroport l'a reconnue sur l'avis de recherche.

41

L'albinos était soulagé. Boris venait de lui apprendre qu'il avait pu récupérer son petit-fils. Une sorte de bonheur l'envahissait.

Karl le regarda enfouir un paquet de cigarettes dans sa poche.

– Tu es certain de vouloir faire ça ?

Bertrand lui adressa un sourire tranquille.

– Sans aucun doute.

Le mercenaire soupira.

– Dommage...

L'obèse glissa le Luger dans sa ceinture et sortit lentement de la chambre.

– À toi de jouer, dit-il à son compagnon.

La pluie tombait sur Locarno et ricochait sur le lac.

Bobo alla vers la maison où tapinaient les filles de Saint-Domingue.

Marina était là.

Il l'emmena dans son studio et l'empêcha de se déshabiller.

– Je te veux pour moi tout seul, ma petite. Tu es d'accord ?

Elle ne pouvait pas cacher sa surprise.

– Partir avec toi ?

– T'épouser même, murmura l'albinos. Et adopter tes gosses si tu en as. Je suis un vieux bonhomme et tu ne manqueras de rien. Mais je pense que le type qui s'occupe de toi ne va pas vouloir te laisser quitter Locarno sans demander que je te rachète. J'en ai tout à fait les moyens. Préviens-le.

La prostituée s'agenouilla devant la Vierge et pria pour la remercier de sa chance.

L'obèse s'en voulait un peu de son mensonge.

Cette gentille fille allait être déçue.

– Je vais prévenir mon patron, dit Marina après s'être signée.

– Parfait. J'attends ici.

Elle enfila un imperméable, sortit en courant sous la pluie et se rendit au *Grand Hôtel*.

Vladimir buvait au bar avec Ivan. Il s'agaça de l'arrivée de la fille de Saint-Domingue, mais se calma vite en l'écoutant lui expliquer la proposition de Bertrand. Ce n'était pas la première fois qu'une chose pareille se présentait. Céder une pute à un particulier avait même des avantages. Le prix était bien plus élevé que celui pratiqué d'ordinaire entre souteneurs. Mais la décision ne lui appartenait pas.

L'aval de son chef était nécessaire pour conclure le marché.

Il fit attendre Marina et monta voir Alexander.

Dans sa chambre, Vajiensko jouait au pin-ball sur un ordinateur. Son visage témoignait de sa contrariété. Ni Tania ni les hommes qu'il avait envoyés chez Kreymer ne lui avaient donné de leurs nouvelles.

Ne voulant négliger aucune alternative, il avait aussi répondu au mystérieux message en appelant le numéro de portable indiqué.

L'intrusion de Vladimir lui laissa croire à une réponse sur ce dernier point.

Il abandonna le jeu et se retourna vers son employé.

– Un type veut racheter Marina, dit le proxénète. C'est une gamine qui bosse ici. Je peux me renseigner pour vérifier que ce n'est pas un piège ou une connerie d'un micheton ?

Alexander leva les yeux au ciel.

– Tu aurais mieux fait de commencer par ça avant de me déranger.

La porte s'ouvrit alors sur Franz qui lui apportait une enveloppe.

– Un gosse vient d'apporter ça pour toi.

Le Russe décacheta la missive qui contenait la photocopie d'une page de la liste des clients de Christelle.

Avec un mot très bref.

Je veux cinq cent mille dollars.

Ceci vous prouve que je possède la liste.

Si vous êtes d'accord, appelez cet autre numéro de portable et venez trente minutes après devant le ponton d'embarquement du lac pour la transaction.

N'essayez rien contre moi et venez en personne.

Mes amis me protègent.

– Lis ça, dit-il à Vladimir.

Le Slave parcourut le billet.

– C'est un piège de Maximilien.

Vajiensko hocha négativement la tête.

– Erreur, mon ami. Ce billet, ça sent vraiment l'amateur. Mais son expéditeur a bien la liste. Nous irons.

– Tu vas sortir d'ici ? s'étonna Franz.

– Certainement pas ! Vous me ramènerez cette personne ici.

Il appela le numéro indiqué et proposa dix-neuf heures pour le rendez-vous.

Vladimir sortit de la chambre et rejoignit Marina.

– Allons voir ton amoureux, dit-il en faisant signe à Ivan de les accompagner.

Karl les vit sortir de l'hôtel et courut jusqu'à la maison de passes. Il accosta une des filles, l'entraîna dans un des studios, l'assomma, la ligota et la bâillonna, se repéra ensuite selon les indications de Bobo et frappa à la porte de la chambre où l'obèse se trouvait.

– Ils arrivent, dit-il à Bertrand quand ce dernier lui ouvrit.

– Planque-toi derrière le rideau de la penderie.

Il éteignit les lampes et se tint dans la pénombre.

Marina, Vladimir et Ivan entrèrent dans la pièce.

– C'est lui ? demanda le proxénète à la fille.

– Oui. Il est très gentil.

Ivan voulut faire de la lumière, mais l'albinos le devança. La lampe de chevet illumina son étrange visage. Le Slave sentit le danger et voulut sortir son automatique.

Karl apparut alors.

– Calme-toi, Vladimir ! On va parler affaires.

Il verrouilla la porte et désarma les deux hommes.

Marina ouvrit la bouche pour crier.

– Tais-toi, lui dit Bertrand. Va dans le cabinet de toilette.

Sa main vissait un silencieux sur le Luger.

– J'ai compris, balbutia le proxénète. C'est toi le mec qui a tué Valery. Le signalement correspond.

L'albinos tira une balle entre les deux yeux d'Ivan.

Vladimir s'affola.

– Doucement, gémit-il. On peut parler…

Karl le poussa contre le mur.

– C'est pour ça qu'on t'a fait venir.

– De quoi vous voulez que je cause ?

– Pourquoi Vajiensko a tué Céline à Gand ? demanda Bobo.

L'homme resta ébahi en entendant la question.

– Si j'étais toi, je répondrais vite.

– Il cherchait une liste compromettante pour des gouvernants et des députés européens, dit le Slave.

– Tu vas me conduire à lui.

– À Vajiensko ?

– Parfaitement.

Vladimir pensa que l'obèse était fou.

– Vous ne pourrez pas le descendre avec sa garde rapprochée.

– J'ai une affaire à lui proposer. D'accord ?

– D'accord.

Bertrand se leva et fit sortir Marina de la salle de bains.

– Ma petite, Karl va t'emmener loin d'ici. Tu es dorénavant sous sa protection. Prends tes affaires et suis-le.

– Vous ne voulez plus m'épouser ?

– Hélas, ce ne sera pas possible.

L'ancien mercenaire aida la fille à faire sa valise.

– En route, dit Bobo en empoignant Vladimir.

42

Lomer avait tout mis en œuvre pour que Laure soit repérée, mais il ne voulait pas qu'on l'interpelle.

– Nous arrivons à Locarno, dit Lecouvreur. Quelle pluie !

Malgré sa blessure, Dupart avait voulu les accompagner.

– Je vous dois des excuses, déclara-t-il au chauve. Pendant un bon moment, j'ai continué à croire que vous jouiez un double jeu. Finalement, vous êtes un type assez propre.

– Mon pauvre Frédo, votre idéalisme vous perdra. Je suis vraiment une belle ordure et j'ai souvent commis le pire au nom de la raison d'État. Ne vous basez surtout pas sur une générosité passagère pour me juger.

Son portable sonna.

Il prit la communication et leur fit part de son contenu.

– Laure vient de quitter un café de la Piazza Grande. Elle remonte en direction de la gare.

Gabriel soupira.

– Vous pensez tous comme moi à propos de cette fille ?

Carole alluma une cigarette sans répondre.

Le Poulpe continua.

– C'est vraiment une garce !

Ils passèrent devant le jardin qui menait au *Grand Hôtel*.

L'homme des services spéciaux aperçut Bertrand et Vladimir qui traversaient la rue, mais n'en dit rien à ses compagnons.

L'albinos et le proxénète montèrent jusqu'au palace.

Ils prirent l'ascenseur qui menait directement à la chambre de Vajiensko.

Quatre hommes en gardaient la porte.

– Vous n'allez pas pouvoir tous les descendre, ricana le Slave.

L'obèse le poussa en avant et leva les mains.

Les gardes du corps le saisirent et lui prirent son arme.

– Fouillez-le complètement, ordonna Vladimir.

Ils ne trouvèrent qu'un portefeuille, un briquet et un paquet de cigarettes.

– Je veux voir Vajiensko, dit calmement Bobo.

Le proxénète ouvrit la porte de la chambre.

En apercevant Bertrand, le visage d'Alexander s'épanouit.

– Mais c'est le fou qui descend mes gars ! Heureux de vous voir hors de nuire. Vous m'avez fait du tort à Paris. Je n'ai pas du tout aimé ça.

Il frappa violemment l'obèse sur la bouche.

Les lèvres de Bertrand éclatèrent.

Le chef de la mafia de l'Est se mit à rire.

– Penser m'avoir en solitaire ! Moi, Vajiensko !

– Ce fumier a descendu Ivan, déclara Vladimir. Et son pote a embarqué Marina. Je le connais. Il s'appelle Karl. On va s'en occuper toute de suite.

– Pas maintenant, dit Alexander. On le retrouvera plus tard. Nos hommes disponibles sont près du lac pour ma petite affaire. Et les autres ne sont toujours pas rentrés du raid chez Kreymer. Cependant, nous allons tuer le temps en faisant un peu souffrir cet albinos.

Il lui envoya un coup de pied dans le ventre.

Bobo s'écroula sans un cri, puis se releva et parla.

– Je suis venu pour qu'on cause. Pas pour me faire tabasser.

– Tu n'as rien à dire qui m'intéresse.

L'obèse mentit.

– Les hommes de Maximilien ne le supportent plus. Ils en ont marre de ses méthodes vieillottes. Tu peux les retourner contre lui et augmenter ton empire. Pour ça, il faut des couilles et aussi pas mal d'ambition. Je croyais que tu avais les deux...

– Pourquoi t'as tué Valery ?

– Affaire privée.

– Mais pourquoi tu me racontes toutes ces salades à propos de Maximilien ?

Le téléphone sonna.

Vladimir décrocha, écouta le correspondant et se tourna vers son chef en souriant.

– Nos gars sont au lac. Il n'y a qu'une seule personne qui attend sous la pluie. Une femme.

– Qu'ils me l'amènent, ricana le Russe.

– Je peux fumer ? demanda Bertrand.

– Bonne idée. Donne-m'en une.

L'albinos porta une cigarette à sa bouche ensanglantée, tendit son paquet à Vajiensko, puis le fit passer parmi ses hommes.

Tous se servirent et commencèrent à fumer.

Bobo était radieux.

– Qu'est-ce qui te rend si content ? s'étonna Vladimir.

– Vous voir en train de fumer, dit l'obèse. Parce que chacune de ses cigarettes contient un peu de nitroglycérine et…

Une explosion énorme ne le laissa pas finir sa phrase.

43

Le bruit de l'explosion surprit les hommes de la mafia de l'Est qui se trouvaient devant le lac.

Ils se regardèrent, puis coururent vers le *Grand Hôtel*.

À l'intérieur de la voiture garée à l'écart, Lomer écrasa son cigare dans le cendrier.

– Le plan de Bobo est plutôt bruyant, dit-il en descendant du véhicule.

Carole, Gabriel et Dupart le suivirent.

Sur le ponton, Laure sursauta en reconnaissant l'Africaine.

Le chauve approcha d'elle, lui arracha son sac et en retira la liste de Christelle.

– Commissaire Dupart, arrêtez-moi cette personne-là pour le meurtre de Mlle Vink et tentative d'homicide sur la personne de M. Krissawiecz.

Le Poulpe contempla le visage de l'ancienne call-girl. Lui aussi avait eu la même déduction.

Ils emmenèrent la prisonnière dans les locaux de la police.

Une vive agitation y régnait à la suite de la mort de Vajiensko et de ceux qui se trouvaient dans sa chambre.

Tous les autres membres de la mafia de l'Est avaient été interpellés ou n'allaient pas tarder à l'être.

Des documents compromettant des personnalités locales avait échappé au début d'incendie.

Les filles venant de Saint-Domingue étaient en garde à vue.

La presse internationale débarquait dans la ville.

Lomer était pendu au téléphone.

Gabriel hésitait à rester sur place.

– Vous n'allez pas bien ? lui demanda Dupart.

– Exact. Il y a trop de flics ici.

Le commissaire français éclata de rire.

Ils s'enfermèrent dans un bureau avec Laure.

– Tu voulais vendre la liste à Vajiensko ? lui demanda Lomer.

– J'y avais presque réussi, le nargua la jeune femme.

– C'est pour ça que tu l'as volée chez Christelle.

Laure montra une froideur incroyable en s'expliquant.

– Quand les nouvelles lois contre la prostitution ont été décidées, je me suis souvenue que Christelle conservait les noms de nos clients à Berlin et j'ai pensé que ça pouvait rapporter gros. Alors, je suis venue la voir à Paris.

– C'était quand ? demanda le Poulpe.

– Le jour de sa mort. Elle m'a raconté qu'elle était en contact avec plusieurs personnes pour la vendre et que son intention était de faire monter les enchères.

– Quelles personnes ?

– Des politiques, Maximilien de Prospero, la mafia de l'Est.

– Et ensuite ?

– Je lui ai parlé de mes problèmes d'argent, mais elle m'a éconduite en me disant de reprendre le tapin. Toute la journée, j'ai traîné sous la neige et dans le verglas. Bien décidée à m'emparer de cette liste. Un copain de Belleville m'a passé un Walther P5 muni d'un silencieux.

Elle prit une cigarette dans le paquet du Poulpe, l'alluma et reprit son récit.

– Vers une heure et demie du matin, je suis donc retournée à Neuilly-sur-Seine. Christelle ne voulait pas me recevoir. Elle attendait quelqu'un, mais c'est alors qu'on lui a téléphoné pour remettre ce rendez-vous. Je l'avais suivie jusqu'à sa chambre et j'ai vu la liste posée sur la table de nuit. Quand elle a raccroché, j'ai tiré. Elle s'est écroulée en renversant la lampe. Je me suis alors emparée de la liste et j'ai entendu craquer le bois des marches. Affolée, je me suis dissimulée derrière un paravent. Un couple est entré dans la chambre et l'homme s'est avancé vers ma cachette. Alors, je lui ai tiré dessus.

Elle désigna l'Africaine.

– Vous accompagniez le type que j'ai descendu.

Lecouvreur soupira.

– L'erreur de Carole a été de faire croire qu'elle avait la liste et l'avait remise à Paul Persan. Du coup, les services spéciaux et les gars de la mafia de l'Est nous ont pris en filature jusqu'à Gand. Céline s'est fait abattre. Et Kreymer a eu peur pour Sonia.

Laure fumait avec mépris pendant que le Poulpe continuait son raisonnement.

– Il l'a convaincue de filer les adresses des filles à Vajiensko. Les hommes de ce bandit ont donc pris une longueur d'avance sur nous, sauf pour Francesca. Mais ce pédophile de Verfeau était en cheville avec eux. Sachant qu'on voulait venir protéger son actrice, il les a prévenus.

Lomer fixa le regard clair de Laure.

– Comment connaissiez-vous le repaire de Vajiensko ?

La femme eut le culot de sourire.

– Sonia me l'a dit. Je me suis souvenu qu'elle m'avait fait des confidences au cours d'un de ses voyages dans le Sud de la France. À propos de son amant Marcel Kreymer. Un député qui fricotait justement avec les mafias de l'Est. Je lui ai téléphoné et elle m'a dit qu'elle n'avait pas du tout envie de finir son existence avec ce Flamand et comptait récupérer le fils qu'il avait eu avec Céline pour le mettre en confiance afin de lui voler l'argent de ses combines avec les truands.

Elle écrasa sa cigarette sans cesser de parler.

– Mais Sonia n'était pourtant pas certaine que Vajiensko l'épargnerait. Je lui ai alors dit que j'avais tué Christelle et que je possédais la liste des clients importants du réseau de Berlin. Elle a tout de suite trouvé ça formidable et m'a raconté où était Alexander. On s'est mises d'accord pour partager le magot. Je lui ai même laissé croire que nous irions voir le Russe ensemble. Mais je mentais. Je n'avais aucune envie de lui abandonner une part du gâteau. Je voulais agir sans elle. Et je suis partie pour Locarno. J'allais réussir le troc quand il y a eu l'explosion.

– Pauvre conne ! dit Carole. Tu n'en serais pas sortie vivante.

– Le risque en valait la peine. Et puis, qu est-ce que je crains à présent ? Un procès où on lira les noms de la liste ? Ce sera marrant.

– Quelle liste ? demanda naïvement Lomer.

Il alluma son briquet et brûla le document compromettant.

44

Walerian Krissawiecz avait retrouvé suffisamment de forces pour recevoir longuement ses amis.

Lecouvreur était à moitié ivre et contemplait les formes de Carole avec gourmandise.

– Et qui était l'homme qui avait remis le rendez-vous avec Christelle ? demanda Kriss à la fin du récit de l'Africaine.

– Maximilien de Prospero, répondit Persan. Il m'a dit avoir renoncé à traiter au dernier moment, car les services spéciaux le surveillaient. Le lendemain, en apprenant le meurtre, il a joint Cathy et s'est arrangé avec elle.

– C'est maintenant le seul qui possède la liste, marmonna le Poulpe. Il va trouver un arrangement avec la classe politique. Logique. Le vice, ça paye toujours. Et le cul mène le monde. C'est d'ailleurs beau, un cul…

Son regard caressa les hanches de l'Africaine.

Elle se cambra pour lui faire un peu plaisir.

– Et Laure ? s'enquit encore le reporter.

– Inculpée d'homicide volontaire, précisa Paul.

Gabriel sortit une fiasque de scotch de sa poche et la vida.

– Le monde est vraiment dégueulasse, vous ne trouvez pas ?

La Noire lui adressa un sourire.

– C'est l'alcool ou la frustration qui te fait dire de telles banalités ?

Le téléphone sonna dans la chambre.

Walerian décrocha le combiné, écouta le correspondant et tendit l'appareil à Persan.

– C'est pour toi. Le journal.

Paul prit la communication, devint très pâle et raccrocha.

– Il y a du nouveau, dit-il. La dénommée Laure s'est jetée par la fenêtre du cinquième étage au cours d'un interrogatoire. Elle est morte.

Lecouvreur grinça des dents.

– Ce qui nous prouve que Lomer est un bon serviteur de la République. Il n'y a aura pas de procès pour l'assassinat de Christelle. Pas d'allusion à la liste des clients du réseau de Berlin. Ce type des services spéciaux est vraiment très efficace. Nous avons même eu de la chance qu'il ne nous ait pas obligés à nous suicider aussi. À la place de Mme Cathy, je m'inquiéterais pour mon avenir.

Il salua le groupe, sortit dans le couloir de la clinique et se traîna vers l'ascenseur. Le dégoût lui donnait envie de boire jusqu'à perdre pied.

Un taxi le déposa au *Pied de Porc à la Sainte-Scolasse*. Gérard était juché derrière le comptoir et disputait une partie de 421 avec un type à lunettes prénommé Jean-François.

– Scotch, bafouilla le Poulpe.
– Je n'en ai plus, mentit Maria.
– Il boit quoi, le mec qui joue aux dés ?
– Chablis.
– Pareil.

Elle le servit avec résignation.

L'envie de pleurer empêcha Gabriel de vider son verre et il alla dans les toilettes pour sangloter.

De retour au bar, il vit la Jaguar blanche de Carole se garer devant le café-restaurant. Ce n'était pas elle qui en descendait, mais une autre belle femme noire. Elle entra dans le bar.

– Je voudrais parler à M. Lecouvreur.
– C'est moi, dit le Poulpe.
– Venez immédiatement.

Il la suivit et monta dans l'automobile

Gérard se gratta l'oreille.

– La race blanche est foutue.
– Le métissage la sauvera, ricana son partenaire de jeu en faisant trois as.

La Jaguar blanche remontait vers le nord de Paris.

Sa conductrice stoppa devant un immeuble de Montmartre.

– C'est au premier, dit-elle.

Lecouvreur la suivit et gravit les escaliers.

Ils entrèrent dans un petit studio meublé avec goût.

– Il y a une enveloppe pour vous, dit la Noire.

Gabriel décacheta la lettre posée sur le lit et la lut.

Mon cher Poulpe,

Cora est ce que j'ai trouvé qui me ressemble le plus.

Elle est toute à toi pour vingt-quatre heures si tu la veux comme cadeau d'une bonne copine.

Carole.

Il leva les yeux et vit Cora lui sourire.

Elle était déjà nue.

Cette apparition le pétrifia.

– Vous voulez bien de moi ? demanda la Noire.

Lecouvreur soupira.

– Moi, je n'ai jamais pu dire non à une femme.

DÉJÀ PARUS AUX ÉDITIONS BALEINE

Le Poulpe

1. Jean-Bernard Pouy - *La petite écuyère a cafté* (Prix Paul Féval de littérature populaire 1996)
2. Serge Quadruppani - *Saigne sur mer*
4. Patrick Raynal - *Arrêtez le carrelage*
7. Didier Daeninckx - *Nazis dans le métro*
8. Noël Simsolo - *Un travelo nommé désir*
9. Franck Pavloff - *Un trou dans la zone*
11. Paul Vecchiali - *La pieuvre par neuf*
12. Jean-Jacques Reboux - *La cerise sur le gâteux*
13. Claude Mesplède - *Le cantique des cantines*
14. Pascal Dessaint - *Les pis rennais*
15. Olivier Thiébaut - *Les pieds de la dame aux clebs*
16. Gérard Delteil - *Chili incarné*
17. Bertrand Delcour - *Les sectes mercenaires*
18. Roger Martin - *Le G.A.L., l'égout*
19. Jean-Christophe Pinpin - *Les gens bons bâillonnés*
20. Hervé Prudon - *Ouarzazate et mourir*
21. Guillaume Nicloux - *Le saint des seins*
26. Roger Dadoun - *Allah recherche l'autan perdu*
27. Pascale Fonteneau - *Les damnés de l'artère*
28. Sylvie Granotier - *Comme un coq en plâtre*
31. Romain Goupil - *Lundi, c'est sodomie*
32. Olivier Douyère - *Bunker menteur*
34. François Joly - *Chicagone*
35. Michel Chevron - *J'irai faire Kafka sur vos tombes*
37. Mano Gentil - *Boucher double*
39. Mouloud Akkouche - *Causse toujours !*
40. Serge Meynard - *Lapin dixit*
41. Chantal Pelletier - *Lavande tuera*

43. Michel Cardoze - *Du hachis à Parmentier*
44. Jacques Vallet - *L'amour tarde à Dijon*
48. Gérard Lefort - *Vomi soit qui malle y pense*
49. Yannick Bourg - *Les potes de la perception*
50. Aïdé Caillot - *Le Karma saut'ra*
54. Alain Puiseux - *Je repars à Zorro*
55. Alain Bellet - *Danse avec Loulou*
58. Cesare Battisti - *J'aurai ta Pau*
59. Lucio Mad - *Dakar en barre*
60. Stéphanie Benson - *Crève de plaisanterie*
64. Bruce Mayence - *La Belge et la bête*
65. Hervé Mestron - *Eva te faire voir !*
66. Guillaume Darnaud - *Le crépuscule des vieux* (Prix du Zinc 1998)

Un été de Poulpe (coffret trois titres) :
69. Fabienne Tsaï - *Sans foie ni loi*
70. Alain Raybaud - *La lune dans le congélo*
71. Guillaume Chérel - *Tropique du grand cerf*
72. Jacky Pop - *La neige du killerman manchot*
73. Gérard Lecas - *Satanique ta mère !*
74. Evane Hanska - *Le bal des dégoûtantes*
78. Serge Livrozet - *Nice Baie d'aisance*
79. Jean-Luc Poisson - *Le chien des bas serviles*
82. Laurent Fétis - *L'aorte sauvage*
83. Hervé Korian - *Les bêtes du Gévaudan*
84. Woô Manh - *Docteur J'abuse*
87. Jean-Pierre Andrevon - *Papy end*
88. Jacques Albina - *Lazare dîne à Luynes*
89. Hervé Le Tellier - *La disparition de Perek*

Joyeux Gabriel (coffret quatre titres) :
92. Robert Deleuse - *La bête au bois dormant*
93. Christian Congiu - *La Nantes religieuse*
94. Chantal Montellier - *La dingue aux marrons*
95. Pierre-Alain Mesplède - *E pericoloso for Jersey*

Et heureux Poulpe (coffret) (épuisé)
96. Patrick Eris - *Une balle dans l'esthète*
97. Gilles Vidal - *Les deniers du colt*
98. Monique Demerson - *Fugue en Nîmes majeur*
99. Jean-Pierre Huster - *Touchez pas au grizzly* (épuisé)

Cent pour sang bande dessinée (coffret trois titres) :
100. Mako - *Le Nord aux dents*
101. Olivier Balez - *L'Opus à l'oreille*
102. Jean-Luc Cochet - *La bande décimée*
103. Jean-Jacques Busino - *Au nom du piètre qui a l'essieu*
104. Paul Milan - *Légitime défonce*
105. Grégoire Carbasse - *L'Helvète underground*
108. Philippe Carrese - *Allons au fond de l'apathie*
109. Michel Boujut - *Les Jarnaqueurs*
110. Catherine Fradier - *Un poison nommé Rwanda*
113. Georges-J. Arnaud - *L'antizyklon des atroces*
114. Serge Turbé - *Ataxie pour Hazebrouck*
115. Grégoire Forbin - *Zombi la mouche*
118. José-Louis Bocquet - *Zarmaggedon*
119. L. Bellanti & F. Vacher - *Le manuscrit de la mémère morte*
120. Sylvie Rouch - *Meufs Mimosas*
123. Pierre Filoche - *Éros les tanna tous*
124. Michel Musolino - *Plus dur sera le chiite*
125. Didier Vandemelk - *Le carnaval de Denise*
128. M. Pelé & F. Prilleux - *Kop d'immondes*
129. François Billard - *Don qui shoote et la manque*
130. J.-P. Deleixhe, G. Delhasse & C. Libens - *Du pont liégeois*
133. Jacques Vettier - *La petite marchande de doses*
134. Alain Leygonie - *Mali mélo*
135. Danièle Rousselier - *Tananarive qu'aux autres*
136. Philippe Delepierre - *L'Aztèque du charro laid*
137. Pierre Fossard - *Veine haineuse*

138. Albédo - *Les pourritures célestes*
139. Lionel Besnier - *Macadam cobaye*
144. Andreu Martín - *Vainqueurs et cons vaincus*
145. G. Nicloux, J.-B. Pouy, P. Raynal - *Le Poulpe, le film*
147. Nila Kazar - *Madame est Serbie*
148. Pierre Fort - *Le mec à l'eau de la Générale*
149. Stéphane Geffray - *Les Teutons flingueurs*
152. Alain Aucouturier - *L'arthritique de la raison dure*
154. Thierry Reboud - *Un nain seul n'a pas de proches*
155. Cyril Berneron - *La pensée inique*
159. Pierre Kolaire - *Sur la ligne Marginaux*
160. Dominique Renaud - *Feinte alliance*
163. Cyprien Luraghi - *Pour cigogne le glas*
164. Christian Rauth - *La Brie ne fait pas le moine*
167. David Downie - *La tour de l'immonde*
168. Marcus Malte - *Le vrai con maltais*
170. Yan Molin - *L'évincé au fond du pouvoir*
171. Claude Ardid - *Belles et putes*
173. Franck Resplandy - *Lisier dans les yeux*
174. Pierre Barachant - *Quand les poulpes auront des dents*
177. Cédric Suillot - *Goulasch-moi les baskets !*
178. Sophie Loubière - *La petite fille aux oubliettes*
181. Adna H - *L'agneau pas squale*
182. Orange amère - *L'ordure, hein !*
185. Didier Daeninckx - *Ethique en toc*
187. Francis Pornon - *Saône interdite*
189. Jean-Marc Ligny - *Le cinquième est dément*
190. Stéphane Koechlin - *Jeux de Roumains, jeux de vilains*
192. Michel Dolbec - *Palet dégueulasse*
193. Michel Abax - *Un pastis à la soviet*
196. Alain Wagneur - *Drôle de drums*

197. Patrick Mercado - *Des gourous et des douleurs*
199. Gérard Streiff - *Le cas G.B.*
200. Collectif - *Le Poulpe au lycée*
201. Violaine Bérot - *Notre père qui êtes odieux*
203. Olivier Mau - *Belle mère en l'île*
204. Emma Christa - *Les ravies au lit*
205. Pierre Magne - *A Freud, sales et méchants*
206. Mariano Sánchez-Soler - *Oasis pour l'OAS*
208. Patrick Arduise - *Psy cause*
210. Didier Questerr - *Lady commandement*
211. Jean Marbœuf - *Je bande à Bonnot*
213. Antoine Blocier - *Vol au-dessus d'un nid de cocos*
214. Pierre Bourgeade - *Gab save the Di*
216. Vladimir - *Une valse de slave nu*
217. Pierre Garcette - *Guère épais*
219. Guillaumin Sor - *Pompe et peine, petite Khmère*
221. Martin Winckler - *Touche pas à mes deux seins*
223. Florian Graton - *Les dix scouts de l'abbé Todd*
225. Léon Layon - *Toubib or not toubib*
226. Thierry Crifo - *Pigalle et la Fourmi*
228. Claudine Chollet - *Un petit lapsus très suspect*
229. Claudine Aubrun - *Photos à mateurs*
231. Darnaudet - *Boris au pays vermeil*
232. Rémy Gallart - *Les Huns dealent au soleil*
234. Gabriel Lecouvreur - *Parkinson le glas*
235. Kynndylan - *Le fond de l'RMI*
236. Collectif - *Le Poulpe en prison*
237. V. Baude et S. Manesia - *La Légion d'horreur*
238. Y. Ramonet et J. Barberi *Faut pas charnier*
239. Gérard Alle - *Babel Ouest*
240. Lucile Debaille - *Le malheur est dans le blé*
242. Francisco Gonzáles Ledesma - *Purée d'avocat sauce chili*
243. Le petit Olivier - *Farine et châtiment*
244. Collectif - *Le Cyber Poulpe*
245. Romain Slocombe - *Saké des brumes*

246. Carlos Sampayo - *En panne seiche*
247. Didier Daeninckx - *La Route du rom*
248. Noël Simsolo - *Les Sept Poules de Christelle*

RÉALISATION : COMPORAPID

Achevé d'imprimer en juin 2003 par
BUSSIÈRE CAMEDAN IMPRIMERIES
à Saint-Amand-Montrond (Cher)
N° d'édition : 60487 — N° d'impression : 032631/1
Dépôt légal : juin 2003
Imprimé en France